JN128545

マンガでよくわかる

子どもが勉強好きになる子育て

松浦はこ［漫画］
公立諏訪東京理科大学教授
篠原菊紀［著］

フォレスト出版

登場人物紹介

五《い》十《か》里《り》みちる

恭介の母。仕事も子育ても全力投球、ちょっと単純で猪突猛進《ちょとつもうしん》なところがある。息子の恭介がネットで動画三昧、宿題すらろくにやっている気配がないことを心配している。しまいには恭介が「将来はユーチューバーになる」と言い出し、ショックを受ける。みちる自身はSNSにハマり中。

五《い》十《か》里《り》恭《きょう》介《すけ》

みちるの息子。柔道教室に通う元気いっぱいの男の子。最近すっかりネットの動画視聴にハマってしまい、将来の夢はユーチューバー。

たまじい

玉島公園に出没する謎の老人。相談するとなぜか子どもが勉強好きになってしまうという噂がある。恭介に勉強させたいみちるは半信半疑で会いに行くが……。

プロローグ

※怒りの元となった感情のこと。詳しくは『マンガでよくわかる 子どもが変わる 怒らない子育て』にて。

わいわい
あんなこと言って
恭介って勉強嫌いなのかなあ…
そりゃ私も苦手だったけど…
今日も柔道がんばるぞー
うん!!
はぁ…
子どもが勉強好きになるいい方法がないかな〜…
なんて…
最近ね〜
息子が勉強好きになったのよ〜
ピクッ
え!!?
それでねー

自分から宿題やるし予習や復習もしてほんとよかった～！
ソワ
ソワ
うちも！
やっぱり相談してよかったわ！
ゴーー
…に
あ～～!!
肝心なところが～～!!
あれってたましいのことよね
あっ
優子さん！何ですかたましいって
私も最近聞いた話なんだけど…

玉島公園って
あるでしょ？
そこに出没する
「たまじい」って人に
相談すると…
子どもがみんな
勉強好きに
なるんですって
まったまた～
相談するだけで
だなんてそんな
…何でもね
その人
脳科学者
なんだって！
玉島公園
つい
来てしまった
ものの
脳科学者
ねえ…

ここの公園って広いから見つかるかどうか…
たまじい今日もスゲーッ
あったまっつの体操～
フンッ
フンッ
フンッ
フンッ
脳の体操～
いた～～!!!
100回越えた!
Tシャツに「たまじい」って書いてある!!
この人が…
脳科学者…!?
フンッ
フンッ
～子どもが勉強好きになるには～♬
!!

勉強好きに～ なればいい～
ズコーッ
たまじい
ふざけてるんですか!!?
何だね お前さんは
キリッ
い…五十里《いかり》みちると いいます
子どもが勉強好きになる方法があると聞いたのですが
聞こえなかったか？『勉強好きになればいい』んだ
好きなことはよく覚えるからな

そうじゃなくて！
学校の勉強をちゃんとしてなくて
『授業をウンウンと聞いて予習復習をすること』
勉強がちゃんとわかれば勉強にハマるから
ハマるって…
その方法が知りたいんです
『子どもに優しい言葉をかける』
『勉強にかかわる行動をしたらこまめに褒める』！
しないから困ってるんです
『5分でも勉強をしたら「よく始めたね」って言ってやる』んだ
お前さんの判断基準で考えないように

たった5分なんて
ヤレヤレ
ガミガミしなさんな
『笑顔で接して手本を見せる』！そして『子どもを信じる』ことさ
……
なんかどれも当たり前のことすぎて拍子抜けしました
脳科学者って聞いたから期待したのに
そりゃ〜残念だったな
やっぱり集中するときは…
そもそも脳科学ってのはうすうす思ってることを実験・実証することだしな

ジロロ・・・
うさんくさい・・・
たまじい
疑ってるな？
そうだな
例えば――・・・
何かに
“ハマってる”ときの
脳の動きを調べると
ドーパミン神経系
ドーパミン神経系が
働いていることがわかる！

だからなんなのよ
もし それが
勉強でも働くようになったら…？
——!!
——ってな具合に裏付けによってお前さんが納得できるんなら
ヒョイ
教えてやらんでもないが？
ヒョイッ
うぉー
すげーっ

ヒョホホーイ
絶対あやしいこのじいさん
わーッ！
ーーでも…
あははー
うちの子が勉強好きになった〜
わ…わかりました！
そこまで言うならお願いします!!
ニヤリ

はじめに

もう、「勉強しなさい！」と言わなくていい！

本書を手にしていただき、ありがとうございます。

本書は、『子供が勉強にハマる脳の作り方』とそれを改訂した『子どもが勉強好きになる子育て』（いずれもフォレスト出版）をマンガで解説したものです。2冊は脳科学と臨床心理学の知識を活用して、お子さんが自分から勉強しようと行動することを目指して書き、おかげさまでご好評いただきました。

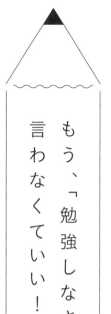

最初に宿題をお出しします。

「勉強がよくできる子」とは、どんな子どもをイメージしますか。

この質問を頭の片隅に置いて本書を読んでみてください。

今回のマンガの主人公は、『マンガでよくわかる　子どもが変わる　怒らない子育て』（フォレスト出版）に登場した五十里《いかり》みちるさんと、息子の恭介くん。みちるさんは言うことを聞かない恭介くんにイライラして、そんな自分に自己嫌悪の毎日でしたが、「怒らない子育て」によってハッピーな親子関係を築くことができました。

ところが、親子関係はよくなったものの、暇さえあればネットで動画を観て、「将来ユーチューバーになる！」と騒ぐ恭介くんに戸惑うみちるさん。今度は、「子どもが勉強しない」という新たな悩みを抱えているようです。

そんなとき、みちるさんは「たまじい」と呼ばれている脳科学者に出会い、脳科学をベースにした「子どもが勉強好きになる子育て」を学んでいきます。

出会いがしら、たまじいから「子どもが勉強好きになるには、勉強を好きになればいい」と言われ、拍子抜けするみちるさんですが、これは冗談でも何でもありません。子どもが勉強するようになることは子どもの脳の問題ではなく、実は、子どもの脳と親の脳の「間（あいだ）」の出来事が問題なのです。

わが子に勉強好きになってほしいと願っている親の行動が、かえってわが子を勉強から遠ざけてしまっているかもしれません。残念ながら、子どもの脳が勉強に夢中になるのを親が邪魔していることもあるのです。

では、どうしたら子どもが勉強好きになるのか。これが本書でもっともお伝えしたいことですが、その前に覚えておいてほしいことがあります。

それは、そもそも子どもは親から何かを言われるのがイヤだということです。

ムカつく理由はわからないけれど、なぜだか親には反発したくなる。親でも先生でも、世の中でも、言われていることが正当であればあるほどムカつくものなのです。

みなさんも子どもの頃、親に「勉強しなさい」と言われれば言われるほど、勉強する気が失せた体験をおもちではないですか。親から「勉強頑張って！」とエールを送られても、教科書や机がどんどん遠くなっていったことはなかったでしょうか。

それが「勉強」を間にはさんだときの、平均的な、そして健全な親と子の関係です。

この親子関係をぶち破る1つのキーは、あなた自身が勉強を好きになること。親が「勉強は楽しい」というお手本を見せ、子ども以上に勉強したいという気持ちをもつことです。

「うちの子がちっとも勉強しません。どうすれば勉強するようになるでしょうか？」

「子どもを勉強好きにするには？」

こうしたご質問に対してお答えしていくのが本書の使命ですが、すでに回答の1つは示しています。

勉強は楽しいと、あなた自身が本気で思うことです。


勉強は楽しい！　ものすごく楽しい！

そう思えないようなら、子どもに「勉強しなさい」と言うのは控えましょう。

個々の場面ではツライことがあったとしても、全体として「勉強は楽しい！」と思えてはじめて「勉強しなさい」と言うのが、脳科学的に見た子どもを勉強にハメるコツです。


勉強、学問は、人類が生んだ最上の楽しみの1つ。

だから、しようよ。

奥深い快楽が、そこに満ちているから。


マジで、そう思ってください。ガチで、そう信じてください。

たまじいが言うように、親は子どもにガミガミ言わず、やさしい言葉をかけて、5分でも机に向かったら褒めて、笑顔で接して、「勉強は楽しいよ」という姿勢を見せる。

これは、子どもが勉強にハマる脳の仕組みの基本中の基本です。「勉強は楽しい」という思い込みこそが、勉強のなかに快を見出《みいだ》して夢中になっていく、極めて重要なキーになります。

そして何より大事なことは、親が子どもを信じてあげること。

当たり前で陳腐なことですが、親子関係を良好に導いて、子どもが自ら勉強を好きになる大前提は、やはり、「子どもを信じる」ことです。

社会は少子高齢化しています。少ない子どもたちが社会を支えていくためには、子どもたちの1人1人の能力を引き上げなければなりません。

あなたのお子さんのみならず、すべてのお子さんが伸びていくことが、未来のお子さん自身のためでもあります。

まずはあなたのお子さんが「勉強は楽しい」と思うように、あなたが行動してみましょう。その後は、まわりの子どもたちや親御さんにも「勉強って楽しいよ！」と伝えてあげてください。

公立諏訪東京理科大学教授　篠原菊紀

第1話 脳科学って？

第2話

すぐ実践できるホップ

まずは習慣づけ

第3話

記憶力アップ
勉強好きを育てるステップ

第4話

目標を達成する
未来のためのジャンプ

編集協力　花岡美和
ブックデザイン　小口翔平＋喜來詩織＋永井里美（tobufune）
漫画原案　佐藤瑞江
漫　画　松浦はこ
制　作　トレンド・プロ
DTP　石田毅、山口良二

※このマンガはフィクションです。
登場する人物、団体名などはすべて架空のものであり、
実在する人物等とは一切関係ありません

第1話

脳科学って？

「やる気」
って何だと思う？
え？やる気スイッチとかそういう…？
？
やる気とは…
"線条体《せんじょうたい》"だ
せ…線条体？？
？
？
？
？

お前さん
SNSにハマってるだろう？
ギクッ
えッ
公園をいい角度で撮ってるのが見えてな
映えってヤツか
カシャッ
そそ…そんなにハマってませんよ！
ちょっとコメントが付くのが嬉しくて…
おっ良いね〜！
ステキ〜!!
たのしそう！
行ってみたい〜
いい写真ですね！どうやって撮ったん
気づくと写真撮ってたり…
慌《あわ》ただしいときでも見てるとホッとするし!!
今日もつかれた〜!!
SNS見よっと
つまりハマっていると
………はい

まあそれはどうでもいいんだが
なんなんですか!!
SNSでもゲームでも何でもいい
ハマってるときはドーパミン神経系が働いていると言ったな？
たまじい
これがハマってるときの脳だ！
セロトニン神経系 安心する！
運動野《うんどうや》
前頭葉《ぜんとうよう》 集中！
線条体 結びつける！
ドーパミン神経系 行動！
スキルアップ
ドーパミン神経系 快！
小脳
扁桃体《へんとうたい》 好き！
海馬《かいば》 記憶中！
※腹内側前頭前野《ふくないそくぜんとうぜんや》も行動と快感を結びつける
いろんな部分が働いてる…⁉

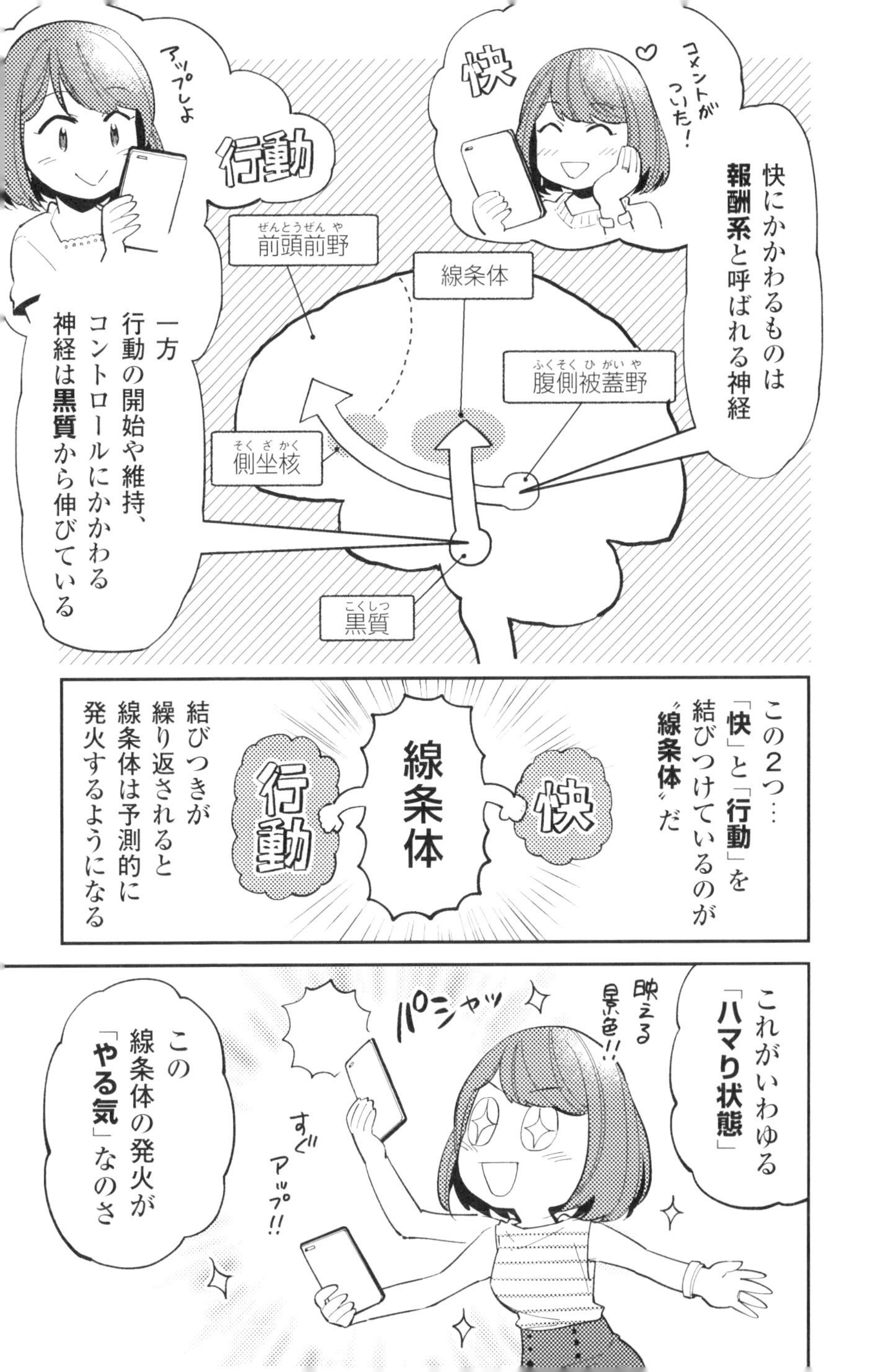

快にかかわるものは報酬系と呼ばれる神経
コメントがついた！
快
アップしよ
行動
一方 行動の開始や維持、コントロールにかかわる神経は黒質から伸びている
前頭前野《ぜんとうぜんや》
線条体
腹側被蓋野《ふくそくひがいや》
側坐核《そくざかく》
黒質《こくしつ》
この2つ…「快」と「行動」を結びつけているのが〝線条体〟だ
快
線条体
行動
結びつきが繰り返されると線条体は予測的に発火するようになる
これがいわゆる「ハマり状態」
映える景色!!
パシャッ
すぐアップ!!
この線条体の発火が「やる気」なのさ

さらに「安心できる」という快が加われば最強だ
セロトニン神経系
（ホッとする・鎮静的）
満員電車でもホッとしている
SNS
身に覚えがありすぎる…
お前さんの場合で言うと…
みちるのSNSハマリ回路
前頭葉
集中！
セロトニン神経系
眺めるだけで癒し
安心
線条体
結びつける！
ドーパミン神経系
いつのまにか見てる
行動
ドーパミン神経系
コメントがついた！
快
海馬
記憶中！
扁桃体
好き！
これが私の脳内…!!

そして
これが…
こうなったら
どうだ？
子どもの
勉強ハマり回路
前頭葉
集中！
セロトニン神経系
机に向かうだけで癒し
安心
線条体
結びつける！
ドーパミン神経系
勉強が理解できる！
快
ドーパミン神経系
いつのまにか勉強してる
行動
扁桃体
好き！
海馬
記憶中！
そうそう!!
こうなって
くれたら
どんなに
いいか…
ズーン…
アハハー

現実は厳しいんですよ…
ハマる前にまず勉強をしない…
そりゃそうだ
まず大前提が違う
勉強は食う・寝るみたいにほっといてもやるもんじゃない
おなかすいた!
ねむい…
自然にやること自体が不自然だ
動画の方がたのしいし…
でも
そんなこと言ってたら勉強になんてハマりませんよ!
そんなことはないぞ
たま

勉強ってのは
知識を積み重ねていくと
あるとき突然
面白くなってくるもんだ
学力の成長曲線
成長や実力
努力の量
自分がイメージしている成長
実際の成長
わかる！おもしろい！
あっそうか!!
つまらない…
わかるから面白い
面白いからわかる
これってこうだったのか！
だからこうなんだ！
それこそが勉強の「快」に他ならない！
それは…わかりますけど
お前さん算数はなぜ足し算から始めると思う？
えっ？

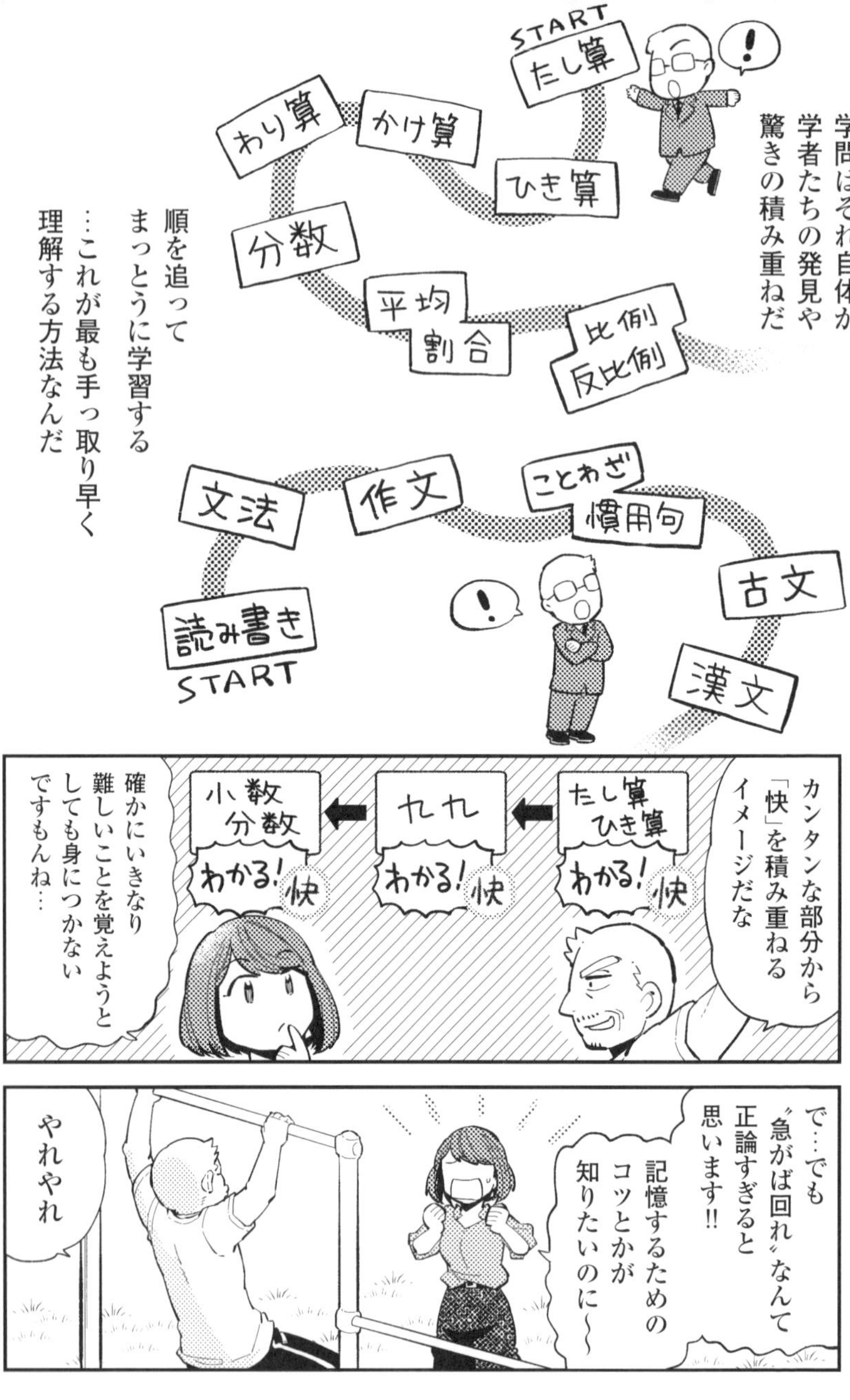

学問はそれ自体が学者たちの発見や驚きの積み重ねだ
START
たし算
ひき算
かけ算
わり算
分数
平均 割合
比例 反比例
順を追ってまっとうに学習する
…これが最も手っ取り早く理解する方法なんだ
読み書き
START
文法
作文
ことわざ 慣用句
古文
漢文
カンタンな部分から「快」を積み重ねるイメージだな
たし算 ひき算
わかる! 快
九九
わかる! 快
小数 分数
わかる! 快
確かにいきなり難しいことを覚えようとしても身につかないですもんね…
で…でも〝急がば回れ〟なんて正論すぎると思います!!
記憶するためのコツとかが知りたいのに〜
やれやれ

五感の情報や記憶を束ねて繋げる
見る
聞く
他
記憶
できごと
海馬
「海馬」という器官があるんだが
ここを刺激してやるんだ
刺激ってどうやって？
勉強して頭に入れたらまず直後に復習する。そして12時間後にもう一度…
直後
なるほど！
記憶
復習
12時間後
そうか！
記憶
復習
ドーパミン神経系を活発にする
驚きや「面白い」と思うことがあると記憶が永続化されるんだ
12時間後…っていうと
半日後
家庭学習の時間にあたるわね…

だから
授業をよく聞いて
予習復習しろと
言ったのさ
授業を
ウンウンと聞いて
予習復習をすること
勉強がちゃんとわかれば
勉強にハマるから
さらに
付け加えると…
記憶が定着しやすい
タイミングがあるんだ
学習
直後
復習
12時間後
復習
1日後
復習
1週間後
復習
テストなど
目標の日がある
場合は…
学習
6の倍数の日
に
復習する
復習
当日
その方が
効率的ってことね！
ただ…
脳に入れようと
してもなかなか
覚えられない
こともある

そういうときに
ポイントになるのが
脳の
出力依存性だ！
出力依存？？
ただ 暗記する
だけよりも
歴史
一六〇〇年に
関ヶ原の戦いが
おこってね…
「使おう」
「説明しよう」
「表現しよう」と
することで
この情報は
大事！
しっかり
覚えとこう！
海馬
脳がその情報を
大事だと判断し
覚えやすく
なるのさ
アウトプットが
大事ってことね！
今から恭介に
説明させよっと！
……

はあ…
そんなにうまくいくかなぁ…
そもそも私だって勉強は楽しくなかったのに
お前さんにもあるはずだ
勉強の「快」が
えっ⁉
な…何かあったかなぁ…
それがわかったら子どもが自分から勉強するようになる方法を教えよう
机に向かう儀式とか〜
集中するための環境とか〜
ひょいっ
ひょいっ
ちょ
あるんじゃないですか〜!!
ハウハウ!!
そっちを先に教えるのは本意ではないからな

一番大事なのは
親が本気で勉強を「楽しい」「好き」と思うこと！
子どもは一番近くにいる親の真似をする
お前さんが本気で勉強を好きだと思えたら…
ノウハウを伝授してやろう！

…とは言っても
勉強が好きだった記憶なんて…
しばしば
時にお前さん
たまじい
そのカバンのキーホルダー、子どもっぽくないかね？
はい!?
余計なお世話ですー!!
ブツ
ブツ
まったく変なじいさんなんだから…
はあ…
勉強かぁ…
うーん…国語も数学も苦手だったしなぁ…

けどノウハウは教えてほしいし…
そもそもキーホルダー関係なくない!?
信州上田
いいじゃない旅先で買うのが好きなんだもの
…
旅行…
信州上田
そういえば!
私の旅行好きって社会の勉強みたいじゃない…!?

――これ！
都道府県の場所がわからなくて地図で調べてたのよね
そのうちその土地の名産とか歴史とか知るのが楽しくなって…
写真スポットもチェックしたり！
魚沼
お米とお酒♡
上田
温泉！
真田幸村
草津
…親が楽しんでる姿かあ…

ただいま!
恭介
おかえりー
へへ
動画動画…
ママ
それ
なあに?
ふふ
これはね~

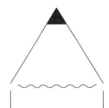

ゲームみたいに勉強にハマる！

ＳＮＳのコメントに癒されたり、気がつくとチェックしていたり、時間を忘れて熱中したり。みちるさんのような状態を「ハマってる」と言いますね。私は、多チャンネルＮＩＲＳ（ニルス）という脳計測の機械を使い、年中脳活動を調べています。パチンコ、ゲーム、インスタ、ツイッターなど、いわゆるハマりやすい行為下の脳活動も調べています。

ゲームにハマる。インスタにハマる。買い物にハマる。ブランドにハマる。恋愛にハマる。韓流にハマる。ドラッグにハマる。コスプレにハマる。アニメにハマる。歴史にハマる。

人はいろいろなモノや行為にハマります。なかには「ハマる」というより「依存」、

こうなったらどうだ？
子どもの勉強ハマり回路
前頭葉
集中！
セロトニン神経系
机に向かうだけで癒し
安心
線条体
結びつける！
ドーパミン神経系
勉強が理解できる！
快
ドーパミン神経系
いつのまにか勉強してる
行動
海馬
記憶中！
扁桃体
好き！
そうそう!!
こうなってくれたらどんなにいいか…
ズーーン
アハハー

「依存」というより「依存症」と言える場合もありますが、浅いハマりからディープなハマりまで、どのパターンも「ハマる脳のメカニズム」はおおむね共通しています。

そしてこの「ハマりのメカニズム」「夢中になるメカニズム」を利用すれば、ゲームや遊びやＳＮＳにハマってしまうように、子どもが勉強を好きになって、自分から机に向かいだすようになります。

やる気の主役は線条体《せんじょうたい》

そもそも、何かにハマっているときの脳はどうなっているのでしょうか。イヤイヤ勉強をするときの脳とどこが違うのでしょうか。まずそこからお話しします。

プロローグでたまじいは、「ハマっているときの脳の動きを調べると、ドーパミン神経系が働いている」と言いました。ドーパミン神経系は、興奮したり、快を感じたり、達成感を得たり、褒められても活動することが知られていて、報酬系と呼ばれることもあります。

恋をしても、ごちそうを食べても、危機を回避しても、何かを達成しても、美を感じても、結局ドーパミン神経系が働きます。

ドーパミン神経系は快感の主役であり、ハマりの主役でもあります。

しかし、快感の報酬系だけではゲームにハマるように勉強にハマることはできません。勉強にハマる場合は、行動の開始や維持、コントロールにかかわるドーパミン神経系も思い描く必要があります。

報酬系は脳の奥の腹側被蓋野《ふくそくひがいや》から側坐核《そくざかく》を経由して前頭葉《ぜんとうよう》に向かっています。もう1つのドーパミン神経系は黒質《こくしつ》から線条体に向かっています。線条体の腹側（下側）には、快感系のドーパミン神経が線条体にアクセスする場所があります。ここで放出される「快」と線条体の「行動」が結び付き、それが繰り返されると、線条体は予測的に発火するようになります。これが「ハマっている状態」です。

つまり、やる気の主役は線条体であり、線条体の発火がやる気なのです。

脳科学的に説明すると小難しく聞こえますが、要するに無意識にやっていて、しかもそれが心地よければ、何となくつづけてしまうということです。

授業中、指先で鉛筆をくるくる回しているクラスメートはいませんでしたか。あの無意識の行動は「ハマり」の一種。やっている本人にとっては無意識の快だったに違いありません。だから何度でも飽きることなく、くるくる回していたのです。

「ハマり回路」は誰もがもっている

線条体で「無意識的な行動」と「快感」が結びつき、ドーパミン神経系が活発に働いてハマっていく。脳にこんなメカニズムがあるからこそ、「気がついたら、またやっていた」「知らぬ間に繰り返していた」という無意識の行動が起きやすくなるのです。

たとえば、タバコは腹側被蓋野を刺激して、快感系のドーパミン系の活動を高めます。同時に、火をつける動作、吸う動作、くつろぐ動作、ボーッと煙のたなびきを見ることなど、あらゆる所作にこのドーパミン系による快感のイメージが貼《は》られます。するると、禁煙を決意してタバコをゴミ箱に放り込んでも、気がつくと拾ってしまったり、夜中でもコンビニに買いに走ったりと、行動が無意識的に引き起こさせられるのです。つまり、渇望が生じます。

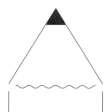

その意味では、無意識的な行動と快のカップリングは怖い話です。

しかし、だからと言って、「ハマり回路」が危険きわまりない回路かと言えば、そうではありません。薬物依存症特有の回路かと言うと、決してそんなことはありません。

このハマり回路は、うまくつき合えば、この上ないパワーを生んでくれる回路です。この回路があるからこそ、私たちは快を促進する行動を増やせます。毎日ご飯を食べ、命をつなぐことができます。一生懸命働いて生きていくこともできます。生きる上で必須《ひっす》な回路だからこそ、私たちのなかにずっとあるのです。

線条体の大好物は「ワクワク」「ドキドキ」

勉強に夢中になることも、この回路によって実現されます。

子どもが勉強にハマるための1つのキーは、いかにして「勉強に関連する行動」と「快」を結びつけるか。そのために親にできる第一歩は、子どもの「やる気」を観察することです。

あなたのお子さんが新しいゲームを手に入れて大喜びしているとき、大好きなアーティストのライブで興奮状態にあるとき、インスタで「いいね！」がたくさんついたとき、脳の奥にある腹側被蓋野からおでこのあたりにある前頭葉に向かうドーパミン神経系が、強く活動します。

この「ワクワク」「ドキドキ」が線条体の大好物です。

言い換えれば、「ハマり回路」のごちそうです。

勉強が苦手なお子さんが、勉強にかんして「ワクワク」「ドキドキ」するのはどんなときでしょう?

勉強が苦手なお子さんには、勉強という行為のなかで、「できた!」「終わった!」「へー面白い」「なるほど」などの快感が得られにくい特徴があります。

けれど、そういうお子さんでも、褒められたときは、たいがい「ワクワク」「ドキドキ」の「快」が生じます。

昔から「子どもは、褒めて育てましょう」と言われますが、脳科学的に見ても根拠のある話なのです。その根拠の1つが、イギリスのシュルツという学者の行ったサルの実験です。

「勉強したら褒める」の繰り返しで線条体が活動する

ケンブリッジ大学のヴォルフラム・シュルツはサルの舌にジュースをたらして、ドーパミン神経系の活動を調べました。

サルはジュースが好きなので、舌にポトッとジュースを落とすと、ドーパミン神経系が反応して脳活動のデータに「ポコッ」と山をつくります。

次に、「赤いランプが点《つ》いてレバーを押したらジュースが落ちる」装置でサルをトレーニングします。回数を重ねると、サルは赤いランプが点くと必ずレバーを押すようになります。このときのドーパミン神経系を見ると、「ポコッ」と反応するのは、舌にジュースが落ちたときではなく、赤いランプが点いたとき。しかも、より短い時間で鋭い山をつくります。

「ジュース」→褒めること（報酬）
「レバーを押す」→勉強すること

こんなふうに置き換えると、

「赤いランプ」→「勉強に対するモチベーション」

にたとえられます。

この実験から読み取れるのは、「勉強したら褒める」「勉強したら褒める」を繰り返すと、「勉強しようかな」と思った時点でザワワと線条体が活動し、勉強に心が向かっていくようになるということです。

お子さんが勉強したら、それがたとえ30分であっても褒めましょう。20分でやめなかったお子さんは、決して根性なしではないのです。

まして、今まで机の存在すら忘れていたような子どもが、珍しく机に向かったのだとしたら、これは驚異的な出来事です。本気で驚き、褒めてください。さらに机に向かって勉強っぽいことでもしていたら、即座にベタぼめです。

こうしたお子さんの変化を観察するときは、親の理想とするわが子像は忘れてください。比較するのは、それまでのお子さんと目の前のお子さんです。それならば、ちょっとしたプラスの変化を探すのはそれほど困難ではないでしょう。

褒め作戦にもデメリットがある

このように、模範《もはん》となる教師的な存在に頼らず、試行錯誤しながら機械的に新しい環境に適応していくことを「強化学習」と言います。

褒め効果は強化学習の基本ですが、この方法にはいくつかの問題点があります。最大の問題点は、報酬を与えつづけなければならないことです。

先ほどの実験には続きがあります。サルがレバーを押してもジュースが落ちてこないようにしたところ、ドーパミン神経系の活動が停止しました。俗に言う「アタマが真っ白」状態です。

来るべきときに〝それ〟が来ないと本気でへこんでしまうのは、サルも人間も一緒。勉強すればいつも褒めてくれた親が、今日に限って褒めてくれなかったら、子どもの線条体は止まり、まったくやる気が失せてしまいます。

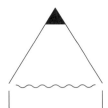

もう1つの問題点は、報酬が報酬にならないことです。

毎回ジュースを与えると、ランプが点いたときにはドーパミン神経系が活動しても、実際にジュースを得た時点では反応が起こりません。「○○したら必ず報酬」で100％の条件づけをすると、実際の報酬が報酬ではなくなってしまうのです。

こまめに褒めることは大事ですが、「勉強したら必ず褒めてもらえる」が当たり前になってしまうと、「褒め効果」のありがたみがなくなってしまいます。

「いい加減」が子どもの線条体をハメるコツ

そこで次の段階です。赤いランプが点いてサルがレバーを押すとジュースが落ちてきます。落ちてはきますが、その確率を50~70%くらいにします。出るときもあれば出ないときもあるという、不確定な状況をつくるわけです。

こうした条件をギャンブル条件と言います。ギャンブル条件下では、学習に時間はかかっても、赤いランプが点いたときに加え、ジュースが落ちてきたときでもちゃんと「ポコッ」となり、ドーパミン神経系の活動に二峰性が現れます。

1つの報酬に対して、予期的に出現する「快」と、実際の報酬の「快」の2つが得られるようになり、「やっぱりありがたい」となるのです。

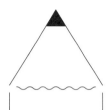

しかも、1つの報酬で二度美味《おい》しい、えらくお得な話です。

最初は毎度毎度、報酬を与えたり、褒めたりします。しかし「いい加減」なところで、それこそサイコロでも振って、報酬を間引けばいいのです。

まず接近戦でジャブを連打。あとはヒット＆アウェイ。気が向いたときに褒めるくらいの適当さが、褒め効果を高め、結局は子どものやる気も維持されます。

最強のハマり回路に不可欠な「待てる心」

「ワクワク」「ドキドキ」のドーパミン神経系に対して、「ホッとする」「安心する」という癒《いや》し系の神経伝達物質がセロトニン神経系。落ち着きを保ち不安を抑える神経系で、脳の安定化装置とも呼ばれます。

セロトニンには「待てる心」を養うという重要な役目もあります。

ギャンブル条件で、報酬が得られたり得られなかったりする体験をすると、脳内では心を落ち着かせる働きが強化され、報酬を先延ばししてもセロトニン系の活動が高まります。セロトニン神経系がちゃんと活動していると、長期的な報酬を好むようになります。目先の快ではなく、未来の快を優先できるようになります。

これが「待てる心」です。「おあずけ」の訓練は心の落ち着きにつながります。

逆に、セロトニン神経系が正常に働かずに待てる心が養われないと、ひたすら褒められつづけるとか、次々と問題が解けるとか、強迫的に興奮的な快感を渇望してしまいます。依存症的な状態や、キレやすい状態に陥ってしまうのです。

「待てる心」を養う鎮静的な癒しの快感は、ハマり回路をつくる重要なキーポイントになります。「ワクワク」「ドキドキ」という興奮系の快に、「安心できる」「ホッとする」という鎮静系の快が加われば、ハマり回路としては最強です。

勉強が面白くなる「B地点」はある日突然やってくる

最強のハマり回路はわかっても、ハマる前にまずは勉強をしなければいけないというキビシイ現実にへこむみちるさん。そんなみちるさんにたまじいは、「大前提が違う」という話を始めます。

「勉強は、食う・寝るみたいにほっといてやるもんじゃない。自然にやること自体が不自然だ」

この部分をもう少し詳しくお話ししましょう。

人間の脳は残念ながら、「気がついたら勉強をしていた」「自然に勉強をしてしまう」というようにはできていません。呼吸、給水、食事などは自動的に欲求が起こり、それを自動的にしていますが、脳にとって勉強は、いまだに不自然極まりない行為の1つなのです。

しかし、子どもの脳を「自然に勉強してしまう」方向に導くことはできます。ゲーム好きの子がついゲームをしてしまうように、スマホ好きの子がついスマホを使ってしまうように、子どもがつい勉強をしてしまうことはありえます。

知識を積み重ねていくと、あるとき突然、勉強が面白くなると、たまじいは言っています。学問は蓄積型のネットワークです。学び始めの頃は個々の点でしかなかった学習の記憶は、やがて積み重なって、一気に有機的なつながりを見せはじめます。たとえれば、映画やドラマの伏線がだんだんつながって、「これがあのときのあれか！」「あそこの話はここにつながるんだ！」と話が一気に広がりを見せる、あの感覚です。

これは、「快」以外の何ものでもありません。

ところがこの「快」(学習効果)は、学習時間や努力の量に比例しないのが残念なところ。頑張った分だけすぐに結果が出れば、すこぶるやる気も起きますが、実際の学

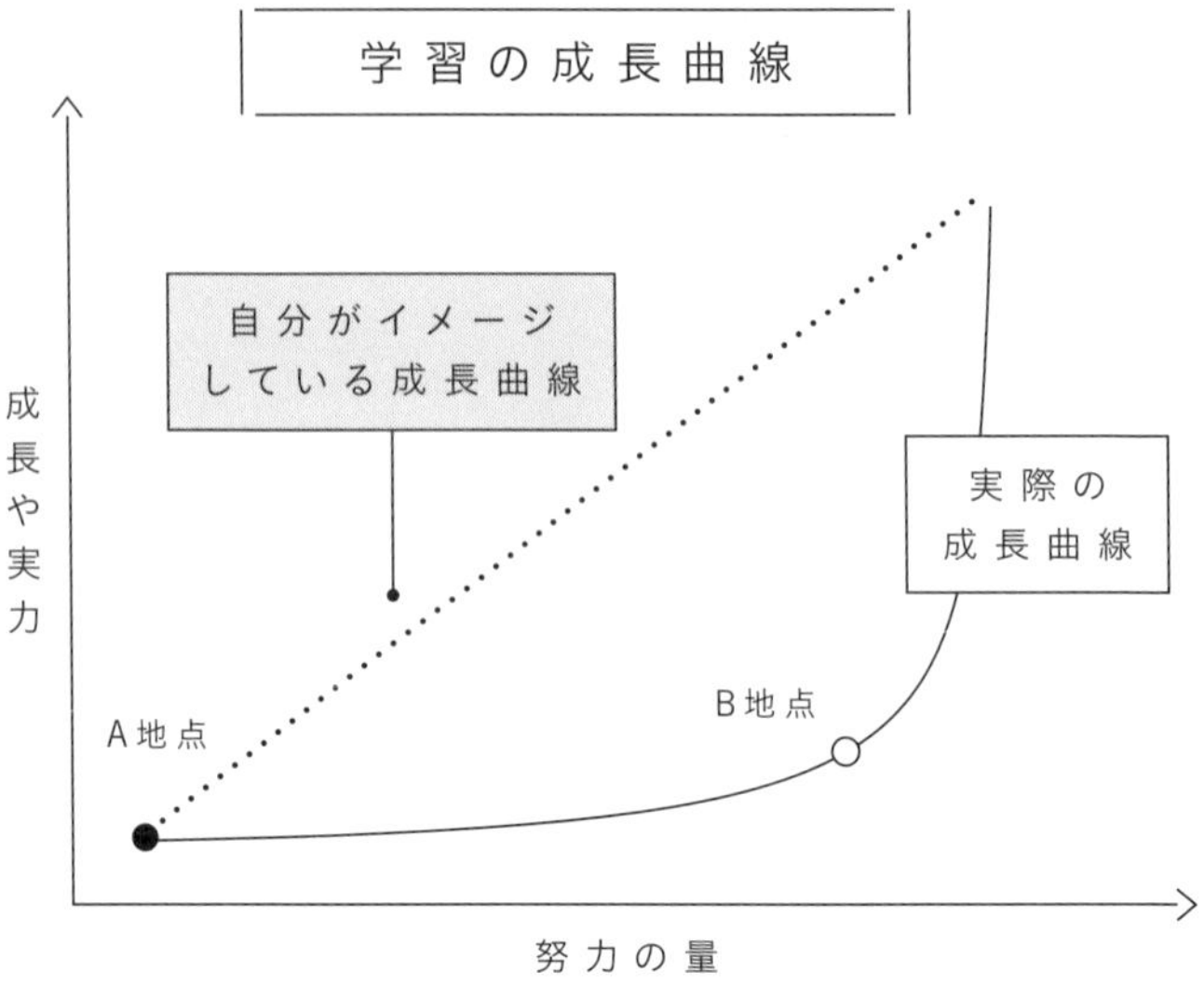

習成果は上図のような曲線を描きます。学び始めをA地点とすると、しばらくは地べたを這《は》うような退屈な時間がつづくので、ここで多くの子どもは勉強や努力をやめてしまうのです。

しかし、そこを乗り越えると、あるとき突然ブレイクスルーが起こり、急に世界が見えてきます。

「わかる！」「面白い！」「そうだったのか！」

この、B地点で起こるブレイクスルーこそが勉強の快にほかなりません。

記憶を定着させるコツは予習・復習・学校の授業

勉強が好きになる最強のハマり回路はわかったし、学習の成長曲線も理解できる。けれどみちるさんは、もっと簡単に、すぐできることをお望みのようですね。そこでたまじいが伝授したのは、記憶が定着しやすいコツです。

今や常識でしょうが、脳の器官のなかで記憶をつくり出すのに深くかかわっているのは海馬《かいば》です。海馬は、耳の横あたりの脳の奥にある、小指大ほどの器官で、左右に1つずつあります。

この海馬では、長期増強という現象がよく観察されます。海馬ではニューロン（脳細胞）が軸策《じくさく》（細胞体本体からの信号をほかのニューロンに伝える繊維）を伸ばし、きれいにループをつくっています。その一部をちょっと刺激すれば、つながっているほかのニューロンも活動します。

このとき、ニューロンに繰り返し刺激を与えたり、グッと強い刺激を与えたり、あるいは同時に何カ所かから刺激を与えたりすると、その後は、わずかな刺激でもニューロンが強く、また長期間活動をつづけるようになります。

これが長期増強。記憶のおおもとだと考えられています。
ですから、繰り返すことで、記憶は定着していきます。
印象づけると、忘れにくくなります。
つながりをつけて覚えると、忘れにくくなります。

記憶の永続化に関しては、ネズミを使った興味深い海馬の実験があります。それによれば、記憶を定着させるミソは「学習12時間後」だとか。12時間たったところで、脳細胞を育てる物質、ＢＤＮＦ（脳由来神経栄養因子）とドーパミンが働くと、記憶が永続化するらしいのです。
ドーパミン神経系は、興奮したり、快を感じたり、達成感を得たり、褒められても活動します。ですから、学習後12時間くらいたったところでドーパミン系を興奮させるように楽しく復習して、「勉強って面白い！」と興奮すると、記憶の永続化を助ける可能性があるのです。

子どもの日常を考えたとき、12時間と言えばおよそ「予習→学校」、または「学校→復習」のサイクルです。そのもっとも重要な部分を担うのは学校の授業です。ここが抜けてしまうと12時間のサイクルが組めません。
学校の授業を大事にし、その中身にいちいち感心する、興奮する。要するに、ドーパミン神経系を活動させるように学ぶことが、なんだかんだ言っても記憶の定着を促進する可能性を高めるのです。

学校の授業についてはいろいろな意見がありますが、脳の仕組みからすると、学校の授業をおろそかにして塾や家庭学習だけで学習効率を求めるのは、なんとも非効率な話。なんだかんだ言っても、予習↓授業↓復習の繰り返しこそ「勉強アタマ」になる理想的なサイクルだというわけです。

予習復習については第3話でくわしくお話しします。

急がば回れ！　まっとうな学習こそ手っ取り早く理解する方法

学問は学者たちが驚きや発見の積み重ねで生み出してきた体系です。理系に限らず文系の学問も、理解のための道筋によってできあがっています。章、単元、そこには本質的で歴史的な意味が込められているのです。

だから、「まっとうな学習」「まっとうな学問理解」こそ、もっとも記憶を促進するのです。

「記憶する」とは「理解する」こと。ちゃんと理解して、理解した内容がストーリーのようにつながってくると、そのストーリーに感情移入して感動しやすくなります。学問は知識の体系でありながら、発見の連続による感動の体系とも言えるのです。

きちんとした理解が学問上の感動を再体験することに重なると、扁桃体が動きやすくなって海馬での記憶も定着しやすくなります。

覚えたいことを感動を込めて理解する。するとますます感動を呼び、記憶の効率が高まっていく。そして、そこに「快」がともなう。

これが勉強にハマる、夢中になる本質であり、世界を理解することの快感です。学習の成長曲線で起こる「B地点」のブレイクスルーは、感動によるものとも言えるでしょう。

とまぁ、抽象的な話はさておき、たまじいが言うように、一番大事なのは親が本気で勉強を「楽しい」「好き」と思うことです。これは、第2話でお話しする「ミラーニューロン」という脳のメカニズムに関係しています。

ミラーニューロンという言葉は聞いたことがあるかもしれませんが、このメカニズムによって子どもが知らず知らずのうちに親を真似てしまうことはご存じですか？子どもは親の背中を見て育つと言われますが、脳科学的に見てもこれはもっともな事実です。

第2話

すぐ
実践できる
ホップ

まずは習慣づけ

たまじい〜！
あっ
今日は腹筋…
フンッ
ホッ
ただの健康マニアなんじゃ…
お前さんか宿題はできたかね？
たまじい
ふふ…息子と「どっちが知ってるかゲーム」をしたんですよ！
そしたら…
次は愛媛県の県庁所在地！
えひめ…市…？
えーと…うーん…

自分から
県庁所在地を
覚え始めて〜！
えひめは…
松山市！
ほう
やるじゃないか
自分で気づいて
なかっただけで…
趣味の旅行も
地理の勉強だったん
ですね
その
キーホルダー
子どもっぽい〜
アレは
ヒントでしょ？
いや？
単純に変な
キーホルダー
だなと
ないわー
見直して
ソンした
ま
親が勉強を
楽しいと思う姿勢を
見せるのはよいことだ
ヤレヤレ
ガミガミ
しなさんな
『笑顔で接して
手本を見せる』！
そして『子どもを
信じる』ことさ
「手本を見せること」
と言っただろう？

＊ MIT ＝マサチューセッツ工科大学

A 親が頑張る姿を見せる

おもちゃを取り出すのに
30秒かける様子
×2回＝**60秒**

B 親が簡単に行う姿を見せる

おもちゃを取り出すのに
10秒しかかからない様子
×3回＝**60秒**

──という条件で
赤ちゃんに“頑張って押すと音が出る”
おもちゃを渡した

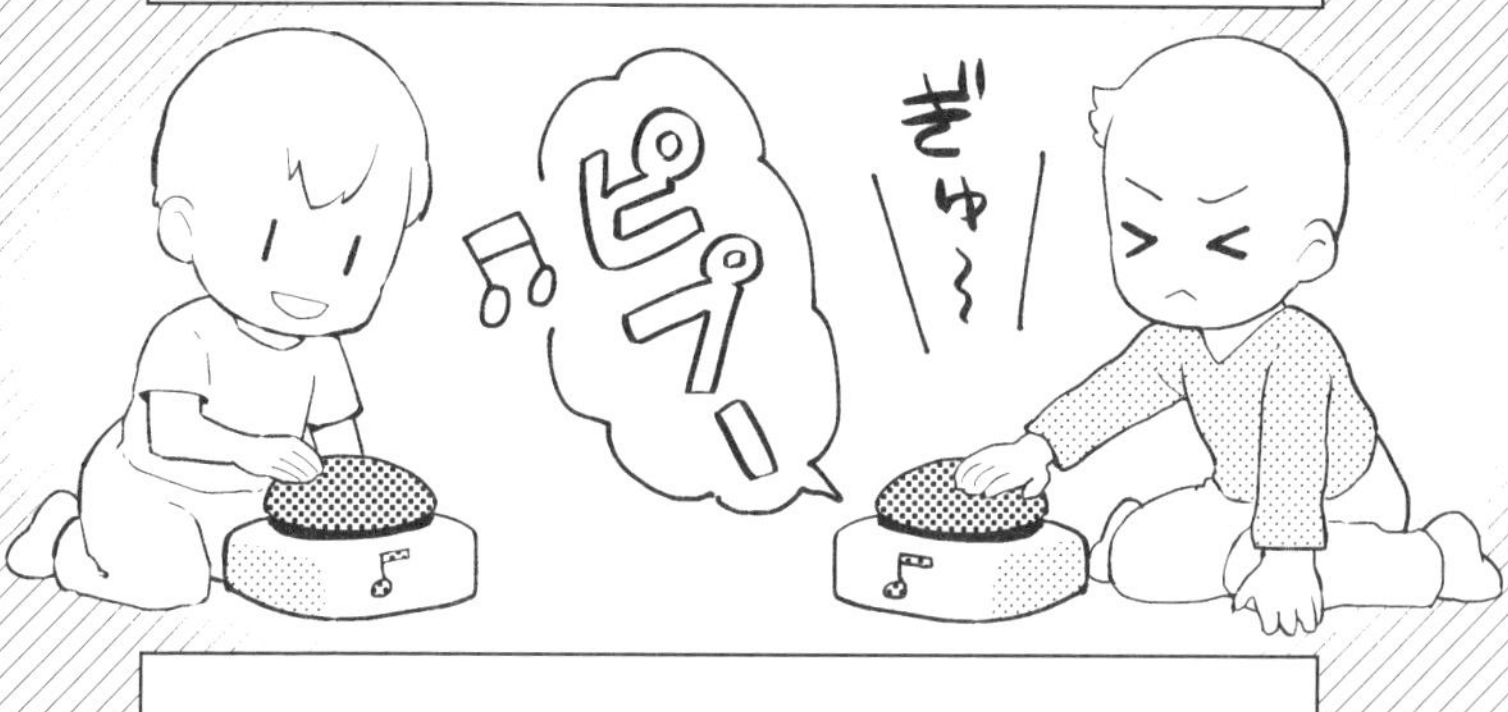

すると…

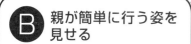

A 頑張る姿を見たグループ
ぎゅ〜〜
ピプー
B 簡単に行う姿を見たグループ
頑張る姿を見たグループの赤ちゃんは
簡単に行う姿を見たグループの赤ちゃんより
音を出す回数が２倍多かった
フンッ
フンッ
フンッ
フンッ
親は子どもの前で頑張ってる方が
自制心や努力する心を育てるってことだな
たまじい
たまじい
へえ…
「子どもは親の背中を見て育つ」ってホントなのね

SNS♡
ってことは私もSNSにハマるの気をつけなくちゃ…
さて
勉強に興味が湧いたんならもうけもんだ
習慣づけのチャンスだな
習慣づけ？
自然にはやってくれない勉強をどうやったらやるようになるか
そ…それって!!
…ノウハウを教えてやると言っただろう？

「やる気」や「集中」にも
脳科学的なコツがある
例えば
「勉強しなきゃ」と
思ったとき…
あ！
宿題…
何だかんだで
腰は重いままだ
そう!!
まさに
これは
言語野系は
活動しているが…
運動野
……
言語野
運動野系は
活性化していない
ためだ
やらなきゃ…
そこで！
たまらない

「勉強しなきゃ」ではなく…
勉強する自分の行動をイメージする!!
行動を…？
ぐっと立つ
行動をイメージすると線条体から運動野系が刺激されて
バリバリやる！
机に向かう
やる気が出やすいんだ
座って教科書を開く

行動をイメージ…と
メモメモ
机に向かうことを儀式化するのもいい 脳は楽をしたがるからな
"脳の保持性"というぞ
聖域づくり
自分の部屋はしずかすぎておちつかない…
そういうときは!
勉強するときはリビングでやろうか
ハマれる状況を自分で儀式にしてしまうんだ
集中の儀式
学校
えんぴつの先を集中して10秒見つめたり
じっ
教科書やノートの位置を決めたり
自宅
「今日もがんばるぞ!」と大声で宣言したり
やることを書いたり

儀式って何でもいいんですね！
ああ
勉強を始めやすくすることが目的だからな
ーだが始めても集中できないときもある
あるある
そんなときはしっかり見る!!
見る…だけ？
〝しっかり〟見るんだぞ
集中すると前頭眼野《ぜんとうがんや》が活性化するんだが
ここは眼球の制御にかかわる
前頭眼野
集中
活性化
じっ
だからしっかり見ることで集中力が回復するんだ

目玉グルグル運動
「しっかり見る」を効果的に行うために**眼球運動**がオススメだ
①頭を動かさないように四角いものの四隅を見る
左回り×2回
右回り×2回
②終わったら深く息を吐く
雑念もリセットできるぞ！
タッピング
体への刺激も効果的だ
手のひらで太ももをリズムよくたたく
トントントン
体から脳に刺激が伝わりノルアドレナリン系が活発化しやすくなる
セロトニン神経系も活発化して癒しにもなるぞ！
早速ためしてみるんだ！
はは
はい！
ダッ

…と期待したものの
今日は5時間目が体育だったっていうし…
大丈夫かしら…
かきかき
ぼ〜…
はッ
恭介！こんなときこそ目玉グルグルよ！
あうん！
じ〜…
ホントに効果あるのかな…
不安…

こ…この
集中の儀式って
ルーティンといって
イチロー選手も
やってるんだって
スゴいのよ
五郎丸選手
とかも
かき
かき
……
ス…

さっそく
集中してるみたい
えーとこれは・・・
でも心配で気になっちゃう～～
チラッ

知らずに親を真似てしまう「ミラーニューロン」とは？

「たまじい〜！」と嬉しそうに走ってくるみちるさん。第1話の最後にたまじいから出された宿題、

「お前さんが本気で勉強を好きだと思えたら……」の意味がわかったようですね。

子どもは基本的に親の言うことを聞かないものですが、親の言葉には耳を貸さなくても、親の行動は無意識に真似してしまいます。

脳科学では、脳と脳が向き合った場合、互いの脳は同じような活動をしたがるということがわかっています。

たとえば、あなたの目の前の相手が手を回します。そのとき、相手の脳では、手を回すのに必要な脳の部位、前運動野《ぜんうんどうや》や運動野などの運動関連領域が働きだします。そ

して、相手が手を回しているのを見ているだけで、あなたの脳でも自分が手を回しているときと同じようなニューロン（脳細胞）活動が出てくるのです。

このような脳のメカニズムを「ミラーニューロン」とか「ミラーシステム」と言います。ミラーとは鏡。つまり、目の前にいる人の動作や意図、感情までも映しとる脳細胞があるのです。

グルメ番組で美味しそうにラーメンを食べている場面を見て自分も無性にラーメンが食べたくなったり、人が痛い思いをしているのを見て自分も痛いような気がしたり、まるで自分も同じことをしているように感じるのはミラーニューロンの働きによるものです。

このミラーニューロンのおかげで、「見て覚える」ことができます。同時に私たちの動作や心映えが子どもに「見られ」、子どもの脳も同じように活動しがちなのです。

第2話でご紹介した研究結果からもわかるように、親の頑張る姿が子どもに影響を与えるのはミラーニューロンの働きによるものです。逆に、子どもが足でドアを開ける姿を見て「お行儀が悪いでしょ」と注意したら、「お母さんだってやってるじゃん」と返されて絶句する。よくありそうなシーンです。

ミラーニューロンの「真似るパワー」は侮《あなど》れません。一緒に暮らしている親子は共に過ごす時間が長い分、ミラーニューロンの影響力も大きくなります。「親の背を見て子は育つ」ということわざを脳科学的に表現すれば、子どもはミラーニューロンをとおして親の姿を真似しているのです。

たとえば子どもが朝型で、早朝に勉強した方が頭に入りそうだと思ったら、まずは親が早起きして自分のために時間をつくる姿を見せましょう。「あなたも早起きして勉強してみたら?」なんて言葉は余計です。親が最初に行動して、後は子どものミラーニューロンに任せるだけです。

やる気と集中力がアップする「入りの儀式」

みちるさんの気づきに促され、勉強をゲームのように楽しみ始めた恭介くん。ここでたまじいは「習慣づけのチャンス」だと言いました。親が手本を見せることで子どもが勉強に興味をもつようになったら、今度は自然と勉強をするようになる習慣づけのチャンスです。

習慣とは日常の決まりきった行いのこと。繰り返しによって自然と身についた行動パターンとも言えます。

しかし、第1話でお話ししたように、脳にとって勉強は本来不自然な行為です。もともと不自然な行為ですから、放っておいて自然とやる気になることはありません。実際、勉強に集中したいのに、なかなかやる気になれないお子さんは少なくないようです。

そこでたまじいは、みちるさんに、「勉強しなきゃではなく、勉強する自分の行動をイメージする」というアドバイスをしました。これは私が「入りの儀式」と呼んでいるもので、やる気と集中力をアップさせる脳科学的なノウハウです。

そもそも人は、いきなり何かを始めるのが苦手です。そこで、「入りの儀式」を利用して勉強を始めやすくするわけです。

「入りの儀式」は何でもかまいません。たまじいがみちるさんに教えた「机に向かう儀式」もその1つです。

儀式のコツは、その動作を映像のように具体的にイメージすること。「勉強しなきゃ」程度のイメージでは、脳での言語野系は活動しても運動野系は活性化していません。

ぐっと立ち上がって、机に向かって歩みを進め、どっかと座って、参考書を開き、がしがしやる。

このくらいの具体的な行動を動画のようにリアルにイメージすると、線条体が運動野系から刺激され、やる気が出やすくなります。実際にぐっと立ち上がって机に向かう確率が高くなるわけです。

とにかくやり始めて「ハマり回路」にスイッチを入れる

少し専門的な話をすると、脳のなかで集中力の維持にかかわる部分は前頭葉です。とくに前頭葉の内側部《ないそくぶ》は、注意の持続や過剰な集中の抑制、感情の抑制、意欲のコントロールをしています。

ですから、この部分を活性化することが集中力アップの決め手であり、よい集中を生み出す源です。

ちなみに前頭葉は20代後半まで成長しますが、その過程のなかでも中学〜高校生くらいの年齢でとくに発達します。

「入りの儀式」がパターン化されてくると、勉強の始め方に慣れが生じて前頭葉が鎮静化され、「待てる」状態がつくられます。勉強を始めることに「癒しの快」が込められるのです。

その状態で勉強を始めると、今度は勉強による興奮が生じ、例の「ハマり回路」の中心となる線条体のスイッチが入ります。やる気スイッチが入ればやる気の維持も楽になります。だからこそ、手慣れてパターン化した動作をともなう「入りの儀式」が大切になるのです。

やる気や集中力を引き出すために大事なのは、とにかくやり始めること。やり始めないと脳は活性化せず、やる気が出ません。やる気が出ないままダラダラした状態がつづくと達成感が得られないので、いつまでも悪循環がつづいてしまいます。

イヤイヤながらでもとりあえず始めてしまえば、次第に気分がのってきて線条体が活動を始めます。こうしてやる気が高まれば、脳が勝手に集中モードへ移行することもあるのです。

「やり始めたら意外と面白かった！　楽しかった！」

こうした経験をもっていることが子どもの財産になります。子どものハマり回路を回すのは、こうした体験の積み重ねによるリソースなのです。

子どもが勉強にハマる場所を「聖域」にする

入りの儀式を応用すると、「場所」や「環境」で勉強にハマることもできます。

特に、子どもの学力は環境に左右されます。

以前、有名中学に合格した子どもの家をモデルにした『頭のよい子が育つ家』（文春文庫）という本が注目されたことがあります。「頭のよい子」というと、自分の部屋で黙々と勉強するイメージをいだきがちです。

しかし、テレビ番組から取材を受けた、有名中学に合格した子どもたちは、そんな予想に反して、テレビがガンガンついたリビングや、家族がわいわいしているダイニングテーブルで勉強していました。

インタビューを受けた子どももいわく、

「家族のいる部屋で勉強した方が、かえって集中できる」

フォレスト出版　愛読者カード

ご購読ありがとうございます。今後の出版物の資料とさせていただきますので、下記の設問にお答えください。ご協力をお願い申し上げます。

● ご購入図書名　「　　　　　　　　　　　　　　　　　　　」

● お買い上げ書店名「　　　　　　　　　　　　　　　　」書店

● お買い求めの動機は?

1. 著者が好きだから　　2. タイトルが気に入って
3. 装丁がよかったから　　4. 人にすすめられて
5. 新聞・雑誌の広告で(掲載誌誌名　　　　　　　　　　)
6. その他(　　　　　　　　　　　　　　　　　　　　　)

● ご購読されている新聞・雑誌・Webサイトは?

(　　　　　　　　　　　　　　　　　　　　　　　　　　)

● よく利用するSNSは?(複数回答可)

□ Facebook　□ Twitter　□ LINE　□ その他(　　　　　　)

● お読みになりたい著者、テーマ等を具体的にお聞かせください。

(　　　　　　　　　　　　　　　　　　　　　　　　　　)

● 本書についてのご意見・ご感想をお聞かせください。

● ご意見・ご感想をWebサイト・広告等に掲載させていただいてもよろしいでしょうか?

□ YES　□ NO　□ 匿名であればYES

あなたにあった実践的な情報満載! フォレスト出版公式サイト

http://www.forestpub.co.jp　フォレスト出版　検索

郵 便 は が き

料金受取人払郵便

牛込局承認

4010

差出有効期限
平成32年 5 月
31日まで

1 6 2-8 7 9 0

東京都新宿区揚場町2-18
白宝ビル5F

フォレスト出版株式会社
愛読者カード係

フリガナ お名前	年齢　　　歳 性別（ 男・女 ）
ご住所　〒 ☎　（　　　）　FAX　（　　　）	
ご職業	役職
ご勤務先または学校名	
Eメールアドレス メールによる新刊案内をお送り致します。ご希望されない場合は空欄のままで結構です。	

フォレスト出版の情報はhttp://www.forestpub.co.jpまで!

まさに、「場所にハマる」好例です。

子ども部屋がないから勉強に集中できないというのは、勉強から逃避したい子どもの言いわけです。また、テレビの音や部屋の雑音が集中を妨げることもありますが、子どもによっては静かだから集中できる、というわけでもないのです。

場所にハマるのは特別なことではありません。たとえば旅行から帰ってきたとき、「やっぱり自分の家が一番いい」と思うのは「わが家」という場所へのハマりです。旅先でイヤな目に遭ったとき、無性にわが家が恋しくなるのは、家に帰れば「落ち着き」や「安心」や「ホッとする」感じが得られると、脳が学習しているからです。

逆に、旅先でどんなに楽しいことがあったとしても、やっぱりわが家が一番だと思うのは、わが家こそ最高に癒される場所だと脳がわかっているからです。

子どもが、少しでも勉強にハマることができた場所を「聖域」にしましょう。まずは勉強のための「聖域」を決め、勉強タイムになったらそこに行く習慣をつけることから始めます。

その場所はいつもきれいに整理して、教科書やノートをいつでも広げられるようにしておきます。そして、そこに子どもが向かったら褒める。根気よくそれを繰り返します。

お子さんが勉強を始めたら、自分もテレビを消して本でも読みましょう。できれば学習がいいです。ワクワクしながら学んでいる姿をお子さんに見せてあげてください。

「勉強にハマる」儀式

人間の脳には楽をしたがる特性があり、同じことをつづけていく方が楽な仕組みが備わっています。これを「脳の保続性《ほぞくせい》」と言います。

脳の保続性によって、テレビを見たりスマホをいじったりした後では、なかなか頭が勉強に切り替わりません。そんな状態の子どもに「早く勉強しなさい」と怒鳴ってもケンカになるだけです。

勉強以外のことでいっぱいの頭を勉強に切り替えるには、自分なりの手順を子どもにつくらせておくことです。

つまり、勉強にハマれる状況を自分で「儀式化」するのです。

スポーツ選手の多くは「ルーティン」と呼ばれる独自の儀式をもっています。試合前にルーティンを行うことで行動をパターン化し、習慣づけ、常に同じ精神状態を保ち、集中力を高めるのです。

お子さんが勉強にハマるための儀式として、次のような手順を踏ませる方法もあります。

①「1日1時間勉強する」などの目標を決めて紙に書く
具体的に、かつ肯定的な言葉で表現することがポイントです。

②目標の紙を壁に貼り、区切りのいい時間に、必ずそれを5秒見つめる
ゲームで1ステージクリアしたとき、テレビ番組が終わったとき、スマホでメールを打った後など、とにかく一区切りついたら壁の目標に目をやって、「ゲームをしていない状態」をつくります。

③目標を見ながら自分で決めた「儀式」を行う。同時に「勉強するぞ」と声を発する
儀式は身体的な刺激を感じる動作が効果的です。奥歯をかみしめる、手を打ち鳴

らす、思い切り伸びをするなど、身体的な動作であれば何でもかまいません。また、「勉強するぞ」と声に出すことで気持ちが切り替わりやすくなります。

④あらかじめ決めた勉強のための「聖域」に行く

勉強のための「聖域」は勉強部屋や勉強机にかぎりません。少しでも勉強にハマれるなら、親の目が届いて子どもを褒めやすいリビングのテーブルの方がいい場合もあります。

もっとも、こういう手順はまわりが与えても意味がありません。自分自身で発見し、「これだ!」と思える儀式ができあがってくると暗示効果は倍増します。

集中力が落ちてきたら「集中の儀式」

「気づいたら2時間も勉強してたよ！」

子どもがこんなことを言ったら、親としては「まぁすごい！」と褒めてあげたくなりますが、脳活動からすると休憩なしで長時間勉強するのはオススメできません。

脳が疲労すると集中力や、やる気がなくなり、脳内物質の分泌も悪くなるので、情報伝達機能も低下してしまいます。つまり、せっかく勉強をしても内容が頭に残らないのです。

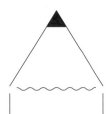

「集中」というのは、「頑張ろう！」というような能動的な集中と、必要な情報が自然と流れ込んでくる受動的な集中のバランスがとれている状態を言います。しかもそのとき、「意欲」の中枢も働いていると、脳のパフォーマンスが上がります。

しかし、集中力が持続する時間は意外と短く、10〜15分だと言われています。集中のピークを落とさないためには適度な休憩を入れること。そして、たまじいがみちるさんに伝授した「集中の儀式」も効果的です。

集中の儀式　その1
「目玉グルグル運動」

集中力は「目の玉のコントロール」と密接に関係しています。集中力とは「眼球をいかに動かすか」ということで、極端に言うと目線をある一点に固定することです。目線の固定といっても単なる眼球の固定ではありません。集中してどこか一点を見つめる場合、頭の微細な動きをキャンセルするよう眼球を動かす必要があります。

こうした微妙な眼球コントロールに深くかかわるのが前頭葉の前頭眼野。この部位は能動的な注意を払うときに活性化します。

つまり、眼球を動かして前頭眼野を活発化させ、「見る」メカニズムを使って集中力を高める方法もありうるのです。

やり方は簡単です。

①ノート、机、黒板などの四角いものの中央を見つめます。
②頭は動かさないで眼球だけを動かし、四隅を1、2、3、4……8と、左回りでゆっくり2周眺めます。
③次は右回りで同じように2周します。
④終わったら「ふぅ〜」と深く息を吐きます。

眼球運動は集中の儀式と同時に、頭のなかの雑念をリセットすることにも役立ちます。

授業中、ついぼんやりしてしまう。宿題をしていると眠くなってくる。そんなお子さんには目玉グルグル運動を教えてあげてください。かなりの確率で集中力が復活すると思います。

集中の儀式　その2「タッピング」

イライラして集中できなかったり勉強のノリが悪かったりするときは、「タッピング」といった体への刺激が有効です。

手のひらを太ももに置きます。その手で太ももをリズムよくたたきます。目を閉じて深呼吸しながらタッピングするとさらに効果的です。

この動作によって体から脳に刺激が伝わり、ノルアドレナリン系が活発化しやすくなります。また、リズミックな運動はセロトニン神経系も活発化させるので集中力のための補助動作になり、受動的な集中状態をつくりやすくします。

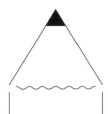

儀式は心を込めて

儀式について大事なことを1つ。入りの儀式も集中の儀式も勉強にハマる儀式も、心を込めてやってください。

私は過去に、「キャベツを刻むときの脳活動」について実験したことがあります。「いつものようにキャベツを刻むとき」の脳活動と、「心を込めてキャベツを刻んでいるとき」の脳活動の違いを見るためでした。

結果は、「心を込めたとき」の方が前頭葉は活性化しました。

キャベツを刻むときだけではありません。掃除も洗濯も、家計簿をつけるときも、単純な事務作業でも何でも、心を込めてやった方が脳は活性化します。

「ドミノ倒し」というゲームを思い出してください。多いときは数百枚にも及ぶドミノを等間隔で並べていくあのゲームは、細心の注意を払ってやらないと、あっという間にオジャンになってしまいます。あの集中力を思えば、心を込めることと脳の活性化の関係が理解できるでしょう。

何かを繰り返してやるときは、最初に心を込めた方が脳は強く活性化され、鎮静化もすみやかに起こります。

それが子どもの「待てる心」の準備も早めます。そもそも、適当にやったのでは慣れるまでに時間がかかり、脳が自動化を学習してくれません。

勉強のやる気を起こしたいなら「儀式」は心を込めて。ぜひ、お子さんに教えてあげてください。

お子さんの集中度チェック

みちるさんがたまじいから教わった集中の儀式をさっそく試してみた恭介くん。果たして効果はどうだったのでしょう。続きは第3話のお楽しみとして、第2話の最後にお子さんの授業中の集中度をチェックしてみましょう。

お子さんは授業に集中できているようですか？　それとも授業中にやる気が出なくて困っていますか？　授業に集中できていないとしたら、頭がしっかり働いていないから。脳が「勉強しよう！」という状態になっていないのです。

お子さんに授業中の様子をさりげなく聞いてみてください。

□ ノートや教科書についい落書きをしてしまう
□ 気がつくと授業中でもぼんやりしている

□何かの物音など、ちょっとしたことですぐに気が散ってしまう
□授業でわからないことがあると、そこばかり気になる
□教科書を読んでいても内容が頭に入ってこない
□スマホが気になってしかたない
□宿題はギリギリまでやらない
□ケンカをしたり叱られたりすると根にもつ
□朝ごはんを食べないで学校に行くことが多い
□よく「つまらない」「退屈だ」と思う
□自分の部屋、机、かばんのなかなどが乱雑に散らかっている

チェック項目が多いほど授業中の集中度が低い可能性があります。そのときは、「ちゃんと授業を受けなさい！」とお子さんを叱る代わりに、お子さんに合った「入りの儀式」や「集中の儀式」を一緒に考えてあげてください。

第3話

勉強好きを育てるステップ

記憶力アップ

国語
恭介
国語と社会90点超えたんだね～!!
毎日勉強してるおかげだね！
うん…
？
どうしたの？
うれしくないの？
ダッ
バタン
恭介…
ハラリ…

算数
56
苦手な科目ってどうしたら好きになるんでしょう…
フンッ
フンッ
たまじい
今日はスクワットね…
子どもの様子はどうかね？
たまじい
えっ

たまに動画は見てますけど
宿題も自分からやるし授業のことも話してくれて
今日社会の授業で〜
うん うん
でも…
ふむ
苦手な科目はどうしようもないと?
だって算数なんか私に似たのか…
教科書を開くのもイヤがるんですよ
たまじい

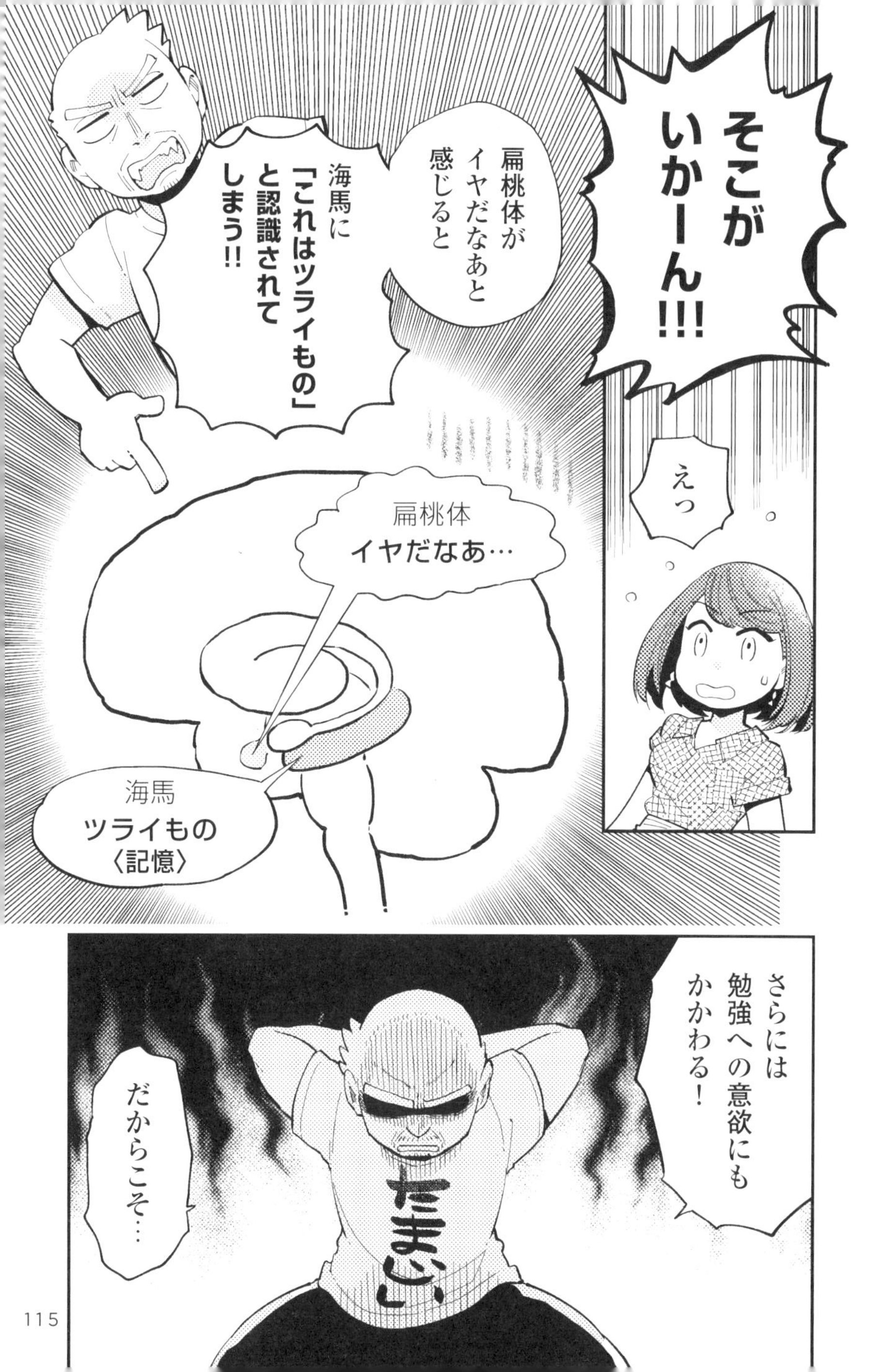
扁桃体がイヤだなあと感じると
海馬に「これはツライもの」と認識されてしまう!!
そこがいかーん!!!
えっ
扁桃体
イヤだなあ…
海馬
ツライもの
〈記憶〉
さらには勉強への意欲にもかかわる!
だからこそ…
たましい

嫌いなものこそ
よく見る!!!
よ…よく見る…!?
集中力の話は終わりましたよ？おじいちゃん
え…小学校のときは割合の問題が苦手で…
それは今も苦手なのか？
お前さんは算数の何がイヤだった？
今は別に
割合なんて主婦の必須項目ですしね！
3割引!!
100g 128円
40%OFF
3,900円

つまり好きとも言える
へっ
そりゃあ昔に比べれば…
もう大人なんだし
要は「苦手な教科」とひとくくりにせず
何が苦手かどこが苦手かよく見るべしということだ
苦手度
割合
分数
証明
「苦手」の中をよく見て
それぞれに差をつけるうちに…
苦手意識が減るようになる
たまじい
そんなに苦手でもないかも！
算数

それに「56点」を「できてない」と決めつけない！
！
できているところを強化する
どうしてできたのか考える
面積の問題は得意だね
どう勉強すれば正解できたかを考える
絵になってるとわかりやすいから…
一緒になって話し合ってやるんだな
ぐっ
ぐっ
なるほど…！
さらに記憶力アップには――…
…恭介

割合って…
スゴイのよ
??
このお菓子…69円だけど
普段は210円なの！
通常
210円
特価
69円
サラサラ〜
これをこうして計算すると…
なんと！
69円
210円
69÷210円＝0.32…
69円は210円の約3割！
だから
7割引!!
約7割引き!!

7割引
すごーい!!
割合の計算ってすごい!
ねっ ねっ 感動でしょ?
やっぱ私に似たのね
感動を込めると脳は覚える!
感動は脳の栄養だからな
好きなことはよく覚える…と言ったろう?
好きなことはよく覚えるからな
なるほど

人類にとって生物学的な価値判断は好き嫌いが大きな割合を占める
食べられる＝好き
食べられない＝嫌い
狩猟採集の時代
これはおいしい！おぼえておこう
強く感動した事柄が海馬に記憶されるんだ
興味がなくても苦手でも…
面白いと思い込むのが効果的なのさ
今…ぼくはすごいことを覚えてるんだ!!
思い込みでいいんですね！
ウンウンと授業を聞くと言ったのはそのためだ
『授業をウンウンと聞いて予習復習をすること』
たまじい
感動するとうなずくからな

さらにもうひとつ――…
恭介
さっきの計算ね このままだったら忘れちゃうと思うの
え～やだ！
記憶は失われるものなの 仕方ないのよ
テストでも忘れちゃう…？
このままならね
でも…

繰り返せば
絶対に
忘れないわ！
帰ったら
一緒に復習
しよっか！
うん！

覚えることが勉強じゃない！

たまじいから伝授された「入りの儀式」や「集中の儀式」が効いたのか、恭介くんは自分から宿題をやるようになり、国語と社会の成績が上がったようですね。みちるさんは、「毎日勉強してるおかげだね」とわが子をねぎらいますが、恭介くんは浮かない顔をして部屋を飛び出してしまいました。どうやら苦手な算数だけはなかなか成績が上がらないようです。

ところで、「勉強」イコール「覚える」と思っている子どもは少なくありません。親御さんもそうです。何を、どうしたか、その原因や結果など、何でも「覚える」ことが勉強だと思っていませんか。

けれどなかなか覚えられないので、「勉強ができない」「頭が悪い」と嘆きます。

しかし、勉強は「覚える」ことではなく学習内容を「定着」させること。つまり「理解する」ことです。そしてさらに、「記憶力がいい」とは「記憶の定着率がいい」と言い換えることができます。

記憶の定着率をよくするには脳の使い方にちょっとしたコツがあるのです。これがわかればお子さんの記憶力は確実にアップするはずです。

記憶力がアップする脳の使い方　その1
「よく見る」

「（算数は）教科書を開くのもイヤがるんですよ」とたまじいに訴えるみちるさんですが、イヤなものを見たくもないのは苦手な教科に限ったことではありません。

この、「苦手なものは見ない」という行動が、さらに苦手意識を強めてしまうのです。

私たちの脳は「見ることは好きになること」という仕組みをもっています。見る回数が多いほど好きになるわけです。それを裏付ける興味深い実験をご紹介しましょう。

今から10年ほど前、オバマ前大統領誕生と時を同じくして、ある研究結果が発表されました。

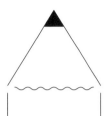

「アフリカ系のオバマ氏が大統領になると、アメリカで黒人に対する偏見が減るか?」

結論は、「人種的な偏見を科学的に減少させられる可能性がある」という発表でした。

白人の大学生20人に、よく似た黒人の顔を見分ける訓練をしてもらいます。何枚かの顔写真を見た後、それ以外の顔写真も混ぜたものが提示され、「見たことのある顔か、はじめて見る顔か」を区別する訓練です。

これを10時間繰り返し、その前後でIATという偏見の度合いを調べるテストを行ったところ、顔を識別する能力の向上が著しかった学生は偏見の度合いが小さくなっていました。白人大学生は、顔写真を見分ける段階で黒人の顔をよく観察したのでしょう。

嫌いなものほどよく見よう

見ることは好きになること。親と子が見つめ合って乳をやる哺乳《ほにゅう》行動は、お互いに見つめ合うことで愛情が増していく最たる例かもしれません。

さらには、よく見ることに加えて、より細かく違い（差）を見て個体としての識別がつきやすくなると、その集団全体への選好度（好きな方を選ぶこと）が上がります。

今の話を恭介くんのケースに置き換えてみましょう。

そもそも、「好き」「嫌い（イヤ）」の感情を判断するのは記憶を司る海馬の入り口にある扁桃体《へんとうたい》です。扁桃体は情動・感情に強くかかわる部位で、ここが「好き」「嫌い」の根っこを決めて選択肢の絞り込みを行い、その上で論理的な脳である前頭葉が、その選択肢を吟味《ぎんみ》して意思決定が行われます。

恭介くんは算数が苦手なようです。恭介くんが「算数はイヤだなぁ」と感じるとき、彼の扁桃体から海馬に「イヤ」信号が送られて、算数にかんする過去の記憶は「ツライもの」として認識されます。

さらに「イヤ」信号は脳の意欲にかかわる部分に伝わって、算数に対する意欲も低下させます。この悪循環が「イヤイヤ回路」です。

逆に、もしも恭介くんが「算数大好き！」と感じたなら、算数の教科書を手にとるなどの無意識の行動に「好き」という価値判断が貼りつけられて、何となくいい感じで算数を勉強できるようになります。この好循環が「スキスキ回路」です。

算数が苦手だと思っている恭介くんの脳内では、算数のことを考えただけで「イヤイヤ回路」が回っている状態。このままではいつまでたっても算数は苦手なままです。

恭介くんが算数の苦手意識を減らすには、「苦手」の中身をよく見ること。算数を「イヤだなぁ」と大雑把にくくらず、細かく観察してみることです。

算数の何がイヤなのか。どこが苦手なのか。去年も苦手だったのか。だとしたら今の苦手度合と同じなのか、それとも違うのか。どうすれば苦手な気持ちが減るんだろう……。

こうして1つ1つの「イヤさ加減」に差をつけるうちに、だんだん算数に対する嫌悪感が減ってくる可能性はあります。というか、けっこう減ります。

「よく見る」のは子どもだけでありません。親もお子さんをよく観察してください。恭介くんの算数のテストは56点でした。みちるさんはこの点数が不満のようですが、「できない」というのは親の判断に過ぎません。親は子どもの「できているところ」を探して、そこを強化するようにしっかり見ていくことが大切です。

どこができているのか。

できているところは、何をどう勉強したから正解だったのか。

親子で一緒になって話し合ってみましょう。

記憶力がアップする脳の使い方 その2
「そうすることが好き！ と思ってやる」

算数に対する個別のイヤさ加減に差をつけることができたら、今度は苦手な「算数」を「楽しい」という感情と関連づけて「スキスキ回路」を回す工夫をしてみましょう。

苦手なことをするとき、「楽しい！」とか「大好き！」などと自分を思い込ませてやってみた経験はありませんか。そのときのことを思い出してみてください。苦手は苦手でも、イヤイヤやるより気分よくできたのではないかと思います。

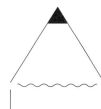

苦手なものに「楽しい」というインデックスを貼ってしまえば「スキスキ回路」が回りやすくなるのです。

恭介くんの場合なら、苦手な算数の勉強をするときに、机に向かう、算数の教科書やノートを開く、鉛筆をもつなどの当たり前の行動を、「そうすることが『好き』」という思いを込めてやってみるのです。すると、恭介くんの脳内では「スキスキ回路」が回り出し、やる気が出て頭もよく働くようになります。

とにかく勉強が苦手！　というお子さんなら、まずは学校の用意をするときに、「そうすることが『好き』」という気持ちでやってみることをオススメします。時間割を確認することが好き。教科書をそろえることが好き。ノートをカバンに入れることが好き。勉強に関連した「好き」を積み重ねていくことが、勉強に対する苦手意識を減らすきっかけになるはずです。

記憶力がアップする脳の使い方　その3
「感動を込める」

感動が脳の栄養になることはすでにご存じかもしれません。脳は感動なしの丸暗記が苦手です。

たまじいが言うように、興味がなくても苦手でも、「面白い」「楽しい」「今すごいことをやっている」と思い込むことで「スキスキ回路」が回り、頭がよく働くようになって記憶の定着も進みます。

人類にとっての生物学的な価値判断は、「好き」「嫌い」が大きな割合を占め、「好き」という価値判断は、みなさんが思っている以上の好影響を脳に及ぼします。

また、脳の器官のなかで記憶をつくり出すのに深くかかわっているのは海馬です。「好き」「嫌い（イヤ）」を判断する扁桃体が興奮するような事柄は海馬への情報ゲートを開き、記憶の効率を高めます。

ですから、すごく好きなこと、すごく嫌いなことは、強く記憶できるのです。強く記憶したかったら、覚えたいことを「覚えたい」と思い込むことです。ワクワクするような気持ちで、「三角関数をすごく覚えたい！」「運動の法則をすごく覚えたい！」と思い込む。恭介くんのように、無理やりでも、「今、僕は、すごいことを覚えているんだ！」という思い込み（感動）が記憶を定着させていきます。

プロローグでたまじいが、「授業をウンウンと聞いて、予習復習をすること」と言っていたのを思い出してください。「ウンウン」するのは一種の感動です。「ウンウン」と感動しながら、ワクワクするような気持ちで思い込むことが大切なのです。

授業中に先生の言うことがよく理解できなくても、ちょっと眠くなっても、とりあえず「ウンウン」とうなずいておくと記憶に残りやすくなります。自宅学習でも、勉強しながら「ウンウン」とやってみる。声に出してみればさらに効果的です。

人と向き合って相手の話を聞くときに、相手の話やタイミングに合わせて「ウンウン」とイイ感じでうなずいている方が、話の内容をたくさん覚えているものです。実際の実験でも、うなずきと記憶の相関性が結果として出ています。

まずは親が学ぶことの感動を体験して、「ウンウン」と目を輝かせてください。これこそミラーニューロンが威力を発揮する最大の場面です。

タイプ別「記憶術」

ところで、どんなことに感動するか、どうやって理解するかは人によって異なります。そのタイプによって得意とする記憶術も変わってきます。あなたのお子さんはどのタイプでしょう。

○ 耳から入ってくる情報が理解しやすく、感動しやすい「聴覚派」
○ 目からの情報が理解しやすく、感動しやすい「視覚派」
○ 身体感覚が理解しやすく、その感覚と感動が結びつきやすい「身体感覚派」

聴覚派のお子さんには……

言葉の「抑揚」を使った感動効果がオススメです。

同じ「鎌倉幕府」でも、平たんに言う「かまくらばくふ」と、抑揚を込めて役者がしぼりだすひと言のように「かまくらばくふ」と言うのではまったく違います。

普通、言葉の理解は左脳のウェルニッケ野《や》などが行いますが、抑揚を込めて感情移入するような場合では右脳のウェルニッケ相同野《そうどうや》が活動します。聴覚派のお子さんは、この運動を利用するといいわけです。

聴覚派の子どもには単純な音の繰り返しも役立ちます。語学を身につける方法の1つとされる「聞きっぱなし」のようなものです。

また、誰かがまとめてしゃべっているのを聞くのが案外効果的なので、その気になれば学校の授業は感動の宝庫と言えます。

もちろんこれらの方法は、視覚派、身体感覚派のお子さんでも使えます。

視覚派のお子さんには……

「画像的な記憶」が記憶強化をうながすキーです。

私たちの脳は、目からの情報処理にその7割を使っていると言われます。人間はそのくらい視覚優位な動物なので、視覚情報をうまく利用することは多くの人にとって記憶を強化するキーとなります。視覚優位な視覚派の子どもではなおさらです。

写真の細部を覚えるように、シャッターを切る感覚で覚えようとするのは、視覚派の人の脳システムに合った記憶法です。また、ノートの整理に図を多用したり、図表で表現したりするのは、視覚派に合ったまとめ方です。

さらに動画的なイメージで記憶しようとすれば、脳のメモ帳と呼ばれるワーキングメモリが深く作動しやすくなります。動画的なイメージでの記憶法はとくに視覚派に役立ちますが、万人に通じるオススメの方法です。

身体感覚派のお子さんには……

身体動作をともなわせたり、リズムをとりながら覚えたりすると効果的です。

歴史の勉強なら、歴史上の人物になりきるように身体感覚を重ねてみる。数学や物理なら、目線の移動や触った感じをイメージする。

ワクワク感をともないながら、まさに「体で覚えていく」感覚がもてると理解しやすくなります。

また、すべてのお子さんに言えることですが、勉強中はおもに記憶を司る部分が働き、運動中はおもに体の動きを司る部分が働いています。

つまり、勉強の合間に簡単な体操をすれば脳の違う部分を刺激することができ、記憶しやすい状態がつくられます。もちろん軽い運動は勉強中の気分転換に効果的です。

でも、記憶は失われていく

よく見て、スキスキ回路を回して、感動を込めて勉強して、自分に合った記憶術で覚え方を工夫すれば記憶の定着率は高まります。けれどせっかくここまで頑張っても、テストのときにお子さんが、「たしか教科書で一度見たはずなのに……！」と悔しい思いをすることも事実。一度ですべてを覚えられる人はそうそういませんし、そもそも記憶は消えていくものだからです。

記憶を保持時間で分類すると次の3種類があります。

【短期記憶】数秒から1分程度の記憶。15秒で90％失われると言われています。
【中期記憶】数秒から数日、長くて1カ月くらいの記憶。9時間で大半が失われると言われています。

【長期記憶】数週間から数年に及ぶ記憶です。

記憶は消えていくもの。まずはそれを自覚してください。

しかし、消えていく記憶をとどめておく方法はあります。それは「繰り返す」こと。子どもの勉強であれば予習と復習です。

一般的に「記憶力がいい」と言われる人たちはこの感覚を知っています。どのくらいたつと、どのくらい忘れてしまうのか。どんな内容が覚えやすいのか、覚えにくいのか。こうした自分の記憶のクセを具体的に知っています。忘れ方に自覚があるのです。

だから、自分の忘れ方に合わせてタイミングよく、しかも効率的に「おさらい」しながら定着させていくのがうまいやり方です。

記憶力がアップする脳の使い方　その4
「忘れ方のパターンを知る」

記憶には、情報をアタマに「入れる」、入った情報を「保持する」、保持している情報を「引き出す」といった3段階があり、それを繰り返すと前頭葉に「書庫」のようなものができて記憶力アップにつながります。

「入れる」「保持する」「引き出す」。どの段階が苦手なのかを知ることは、自分の忘れ方パターンを知ることでもあります。

また、この3段階を学校の勉強にたとえると、予習→授業→復習の流れに当てはまります。忘れ方パターンを自覚できれば、予習・復習のやり方やタイミングを知る目安にもなるわけです。

お子さんの「忘れ方パターン」をチェックしてみましょう。お子さん自身がやってみるか、もしくはお子さんを思い出しながら当てはまるものにチェックをしてください。

【A】

□ 漢字や英単語のつづりは10回以上書かないと覚えられない
□ 公式を覚えたはずなのに、いざ使おうとするとわからなくなってしまう
□ 重要語句を3つ以上言われると、最初の1つをすぐに忘れてしまう

【B】

□ 1時間目の授業内容を昼休みには忘れている
□ 定期テストの内容は終わった瞬間に忘れている
□ 覚えたばかりの漢字や英単語のなかに、すっかり忘れてしまったものが3つ以上ある

【C】

□ しっかり勉強しているのに、テストになると肝心なことが思い出せないことが多い

□ 答え合わせのとき、「そうだった」と思うことが多い

□ 会話中、「あれ」「これ」「それ」などを使うことが多い

【A】【B】【C】すべてにチェックがついたお子さん

頭に「入れる」ことが苦手な傾向にあります。予習・復習のポイントは「覚え方」の工夫です。

中期記憶は約9時間で大半を忘れてしまいます。その日の授業内容も、学校で習っただけでは何となく覚えているだけで、時間がたつと急激に忘れてしまいます。

しかし、忘れかけそうなタイミングで復習をすると徐々に忘れる量が減り、身につく量が増えていきます。忘れはじめのタイミングで「入れる」作業を繰り返すことで

記憶の定着率がよくなり、「保持する」「引き出す」ことも楽になるのです。

とくに数学や物理は、演習問題の繰り返しによる復習が「入れる」作業として効果を発揮します。

スポーツを上達させたいときは、上手な人の動きや考え方などを真似てポイントをつかもうとしますが、実は数学や物理の勉強方法もこれと同じこと。バスケットのドリブルを覚えるときのような演習問題の繰り返しで、「解き方」というコツを記憶していくのです。

【B】にチェックがついたお子さん

とくに、覚えたことを「保持する」するのが苦手な傾向にあります。予習・復習のポイントは忘れた頃に「覚え直す」ことです。

その日の授業をその日のうちに復習しても、3日もすれば半分は忘れてしまいます。ですからそのタイミングで軽く覚え直します。それでも1カ月後には半分以上忘れてしまいます。そこでまたざっとおさらいする。この繰り返しで覚え直すと無駄がなく、効率的な記憶の定着が期待できます。

「記憶力がいい」と言われる人は、記憶が3〜4割失われるタイミングを見計らって「おさらい」しています。しかも、できるだけ簡単におさらいできる工夫をしています。おさらいに時間がかかると長つづきしないからです。

勉強の場合も覚え直し作業が簡単にすむ工夫が必要です。覚えたいことをわかりやすい形にまとめておき、ざっと見ただけでおさらいができるようにしておくことをオススメします。

【A】と【C】にチェックがついたお子さん

覚えていることを「引き出す」ことが苦手な傾向にあります。予習・復習のポイントは「繰り返し」の確認です。

記憶の失われ方を考えると、予習は授業の前日がベストです。予習のタイミングが早すぎてせっかくの内容を忘れてしまえば、予習効果が半減するからです。
「ウンウン」うなずきながら授業を聞くのが一番向いているのはこのタイプです。授業がわからなくても「ウンウン」。眠くなったら「ウンウン」。コツコツ繰り返していきましょう。

また、授業の様子や先生の話を「物語」として映画のように覚えておくと、復習のとっかかりが見つかりやすくなります。映画の「あの場面」「この場面」を思い出すときの要領です。

さらに、授業の終わりに目を閉じて、簡単におさらいしておくと知識の整理に役立ちます。

あとは忘れるタイミングで数回復習する。このとき、授業の様子や先生が話した内容をイメージしながら記憶を「引き出し」て、再び「入れる」と効果的です。映画のように覚えておくと、このイメージを引き出しやすくなります。

段階を踏みながら覚えたことを出し入れする。これが記憶の効率を上げるコツです。

記憶力がアップする脳の使い方　その5
「復習のタイミングを知る」

お子さんの忘れ方パターンがわかったら、復習のタイミングを知りましょう。

復習は、「忘れかけたとき」「3〜4割忘れたとき」「早すぎてもダメ」といったタイミングがあることをお話ししました。1年365日、絶え間なく記憶の引き出しができたら、イヤでも記憶は定着し、誰も苦労しません。けれど現実的ではありません。そこで重要になるのが復習のタイミングです。

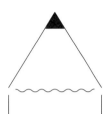

復習の効果が最大限発揮されるタイミングの1つ目は、「学習直後」です。何かを学んだら、即、記憶を引き出して具体的なイメージングをしておきましょう。

復習のタイミング2つ目は、第1話でもお話しした「学習12時間後」です。学習12時間後に復習すると、記憶の定着が高まるというネズミを使った実験報告があったことは前述したとおりです。

家での予習・復習と学校での授業はおよそ12時間スパンで、このサイクルは非常に理に適《かな》っていることがわかりました。また、何か学んだら、極力その場で具体的にイメージしておくことで、復習効率がぐっとアップします。

復習のタイミング3つ目は、「学校の学習サイクル」です。復習にベストなタイミングを割り出した実験によると、もっとも記憶が定着しやすいのは、学習から本番までの期間を6で割った答え。つまり、6の倍数のタイミングです。

60日後が目標（テストなど）なら、今日やったことを10日目に復習するのがベストとなります。目安としては学習の翌週あたり。目標が12カ月後なら2カ月後です。

このサイクルを利用すれば、2回目、3回目の復習タイミングも計算できます。60日後が目標なら、60÷6＝10でまずは10日後に1回目の復習。残り50日を6で割ると、2回目の復習のタイミングは約8日後です。

記憶力がアップする脳の使い方　番外編
「アウトプット」

復習はタイミングも大事ですが、記憶の定着率をアップさせるには「やり方」にもコツがあります。

第1話でお話ししたように脳は出力依存性というものをもっています。出力依存性とは、出力することで活性化して、機能が向上すること。脳の場合、学んだことを脳に入れよう、記憶しようとしても、なかなか覚えられませんが、学んだことを使おう、説明しよう、表現してみようとすると、脳はその情報を重要だと判断して覚えやすくなるのです。

第1話で紹介した学習の成長曲線をもう一度見てください。

スタート地点からしばらくつづく、成長に変化が見られない段階で何をしているかといえば、インプットとアウトプットです。インプットとアウトプットを繰り返すうちに知識が徐々に積み重なり、あるときB地点に到達すると、知識同士が一気にネットワークとしてつながりをもちはじめます。

このとき、単なる知識だったものは知恵となり、子どもの世界は広がっていきます。「勉強って面白いな」という気持ちが芽生え、お子さんが自然と机に向かっても不思議ではありません。

学校のテストは一種のアウトプットと言えますが、ご家庭でもお子さんのアウトプットが促されるような声掛けをしてあげてください。

「こんなこと知ってるなんてすごいね！　おかあさんにもわかるように話して」

自分の言葉で説明できるということは、しっかり理解できていることでもあります。うまく説明できなくても、アウトプットしながら自分のなかで知識を整理することができます。

ウザがられない程度に声を掛けて、お子さんが答えやすい質問をしてあげる。

これを、お子さんの記憶力をアップさせる脳の使い方の番外編としておきましょう。

第4話

未来のためのジャンプ

目標を達成する

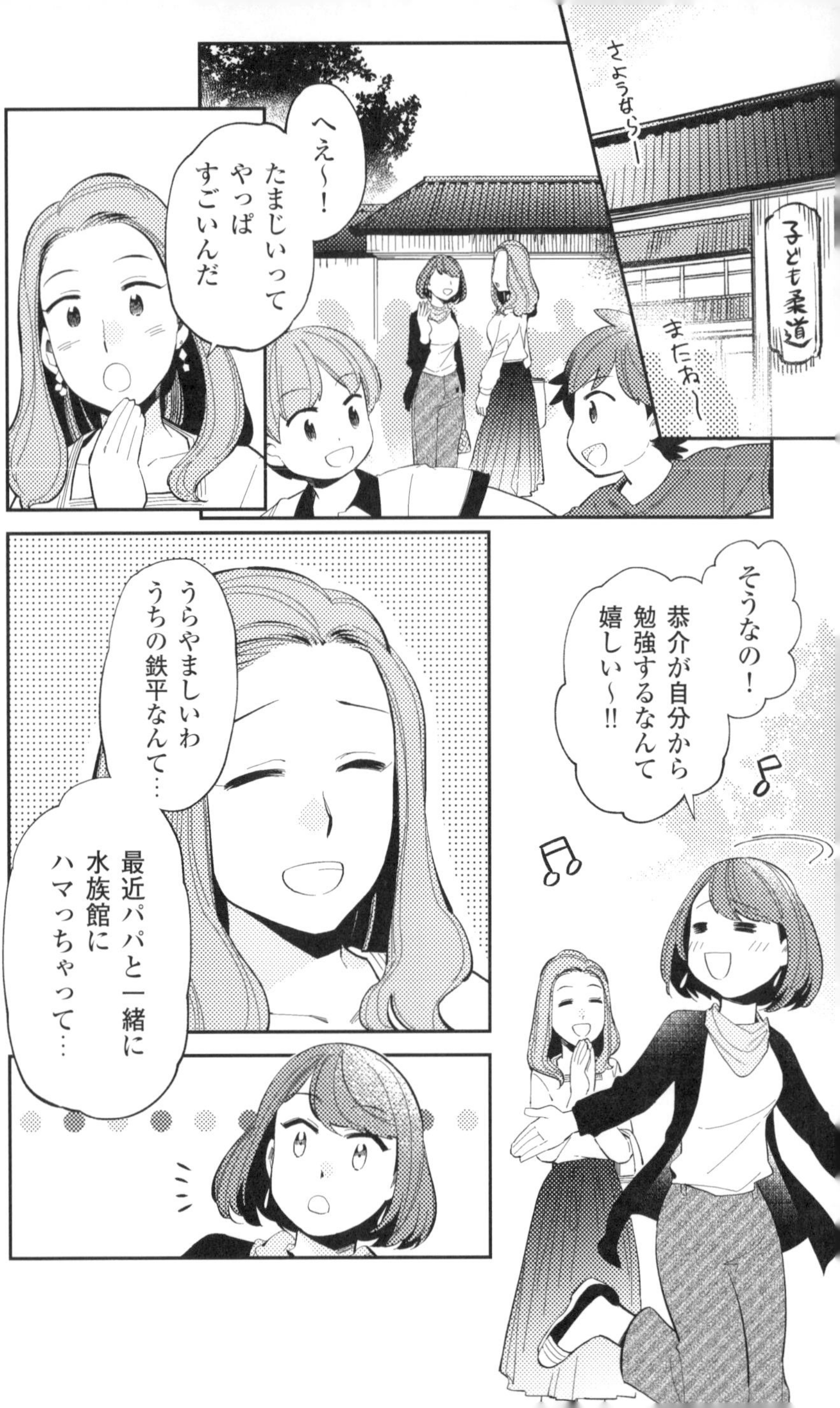
さようならー
子ども柔道
またねー
へえ～！
たまじいって
やっぱ
すごいんだ
そうなの！
恭介が自分から
勉強するなんて
嬉しい～!!
うらやましいわ
うちの鉄平なんて…
最近パパと一緒に
水族館に
ハマっちゃって…

毎週行ってるのよ
将来は魚の研究者になるんだーって
ええ~素敵じゃない!
学校の勉強もそこそこに水族館よ
それに比べて…
ユーチューバーになる!!!
やっぱり心配だよ~!

ほんとは
いい大学に行って
安定した職業に
ついてほしいんです…
ましてや
ユーチューバー
なんて…
フンッ
ハア…
フンッ
最近は勉強にも
自信がついてきた
みたいだし
きっと考え方も
変わります
よね…!?
ふむ…

ドーン
いいじゃないか
ユーチューバー
インターネットで
何でも気軽に
発信できる時代だぞ
素晴らしいと
思うが
ええっ
これからは
AIの時代だ
コンピュータにはない
想像力や
新しいものを生み出す
力が大切になる
AI
バーチャル・リアリティに
必要な知識は多く
その勉強は楽しいものだと
思うがなぁ？
それは…
そうかも
ですけど…

でも恭介がそんなことまで考えてるかなぁ
子どもって憧《あこが》れだけで夢をもつから…
ゴールの設定が見えてこないわけだ
ゴール？
ゴールの設定の仕方で
脳の活性が変わる!!!
お前さんのSNSで例えると…
SNS
また…

「人気者になる」をゴールにすると
ゴール
人気者になる！
？
？
フォロワー何人が人気者？
人気者ってどういう人？
達成したかどうかが判断しにくい
アレやってもダメ…
アレやってもイミないよね…
だから評価のしようがないしハマり回路が回らない

そこで「毎日更新する」をゴールにしてみると
ゴール
毎日更新する！
1日1回でOK
どんなことでもヨシとする
達成したかどうか判断できる
今日も更新したぞ！
達成!!
達成感があるから**ハマり回路が回る**！

確かに…
達成感がないと
やる気になるのは
難しいわ
勉強や目標を
叶えるのも
同じことだ
「成績を上げる」
よりも…
ゴール
成績を上げる!
何点?
?
何をすれば上がる?
どうすればいいかわかんない…
「ドリルを何ページやる」
の方が達成を判断しやすい
ゴール
ドリルを1日4ページ
1日4ページやればOK!
やるぞ!!
達成した!
とわかると
ドーパミン神経系が
働いて
学習行動が
強化される
達成!!
次もやるぞ!
つまり
身につくのさ

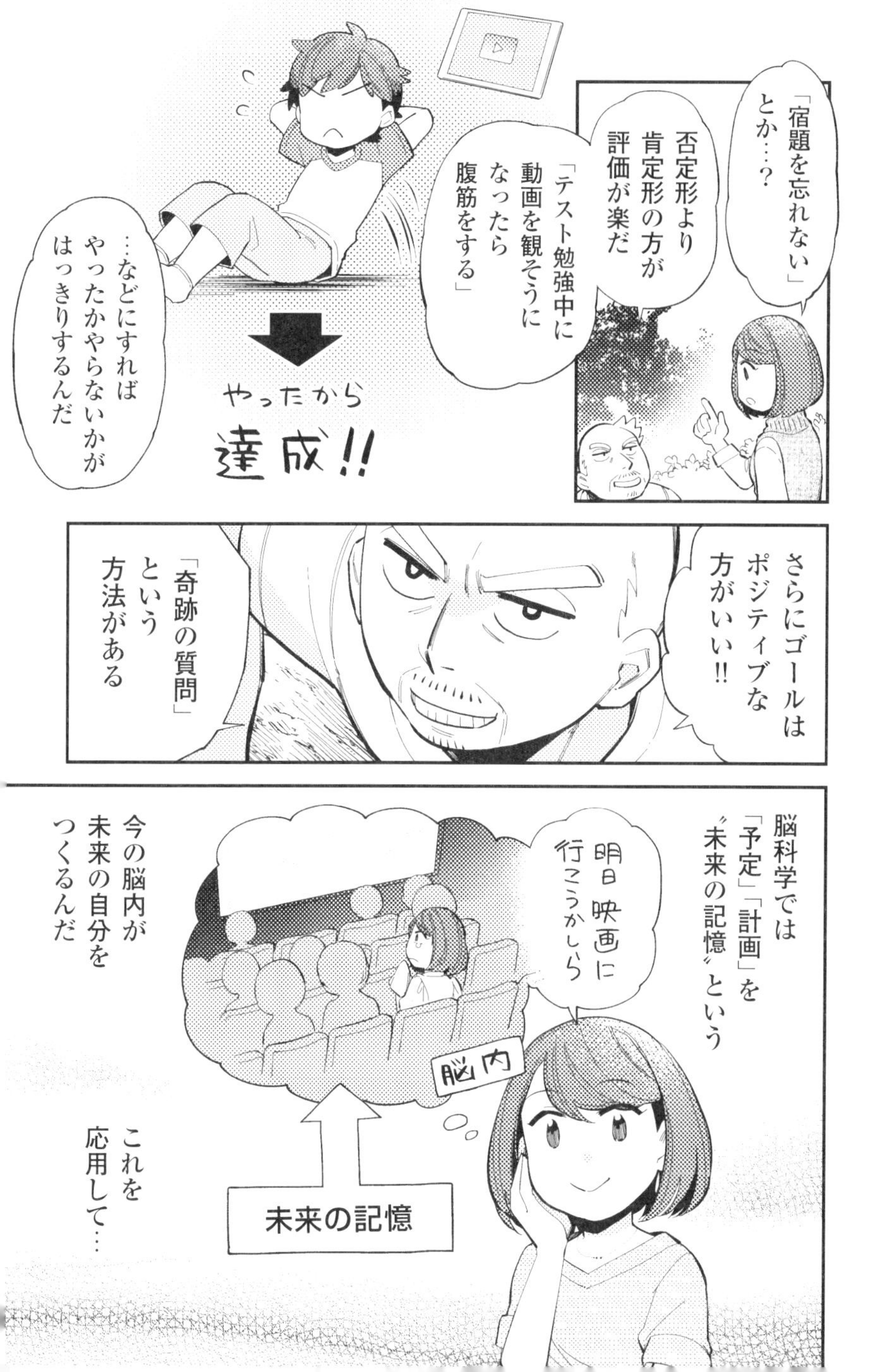
「宿題を忘れない」とか…?
否定形より肯定形の方が評価が楽だ
「テスト勉強中に動画を観そうになったら腹筋をする」
やったから
達成!!
…などにすればやったかやらないかがはっきりするんだ
さらにゴールはポジティブな方がいい!!
「奇跡の質問」という方法がある
脳科学では「予定」「計画」を〝未来の記憶〟という
明日映画に行こうかしら
脳内
未来の記憶
今の脳内が未来の自分をつくるんだ
これを応用して…

今ある問題が解決した状態を想像させるんだ
点数上がったの!?
よくがんばったねー!!
1週間後のテストの結果
5年後の自分の姿…
高校生活だー!!
うれしい!!
やったね!!
するとゴールを意識するたびに
嬉しさのイメージが一緒にわく!!
これもまた勉強のハマり回路を回すのに大切なことなんだよ
ゴールのイメージかぁ…

だから子どもにこう聞いてみなさい
それを頑張ったら何が変わりそう？
頑張るって具体的にどういう感じ？
頑張る自分を想像すると今とどう違う？
そうすることで子どもの頭の中は目標が実現しやすい状態になるんだ
それってユーチューバーの実現…？

お前さんが子どもの将来を心配する気持ちはわかる
だがな
子どもはいずれ親離れする
親ができることは…
子どもがつまずいたときに褒めて応援することだけだろう?

それにな
脳が最も活性化するのはうまくいってるときじゃない　つまずいてあがいてるときだ
テストで56点だった・・・
ここはできたんだもの すごいじゃない!
次は がんばろう!
そのときこそ感心したり
褒めたり励ましたりすることで
あがきと快が線条体で結びつき、**やる気が育つ**んだ
うん!

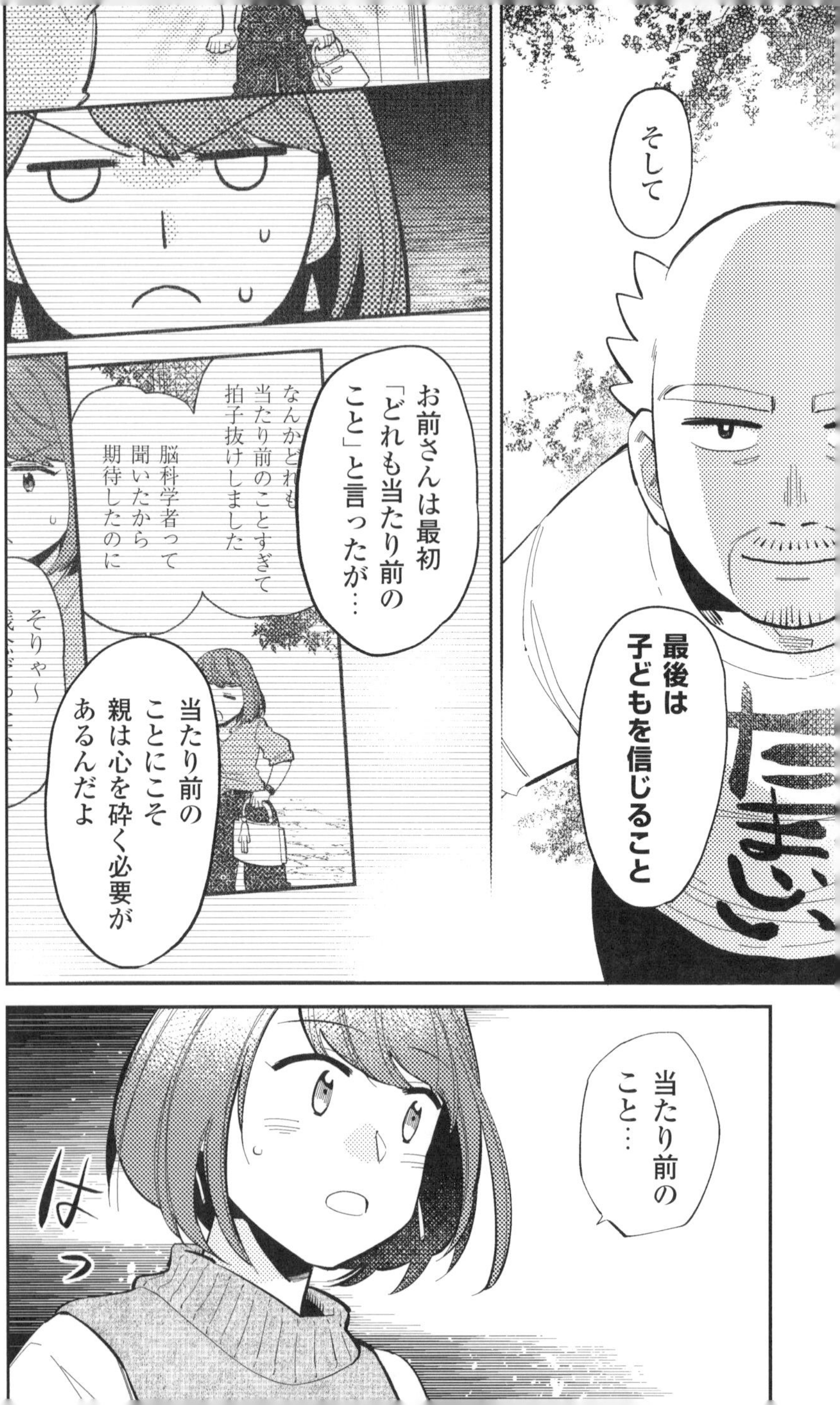
そして
最後は子どもを信じること
お前さんは最初「どれも当たり前のこと」と言ったが…
なんかどれも当たり前のことすぎて拍子抜けしました
脳科学者って聞いたから期待したのに
そりゃ～
当たり前のことにこそ親は心を砕く必要があるんだよ
当たり前のこと…
はっ

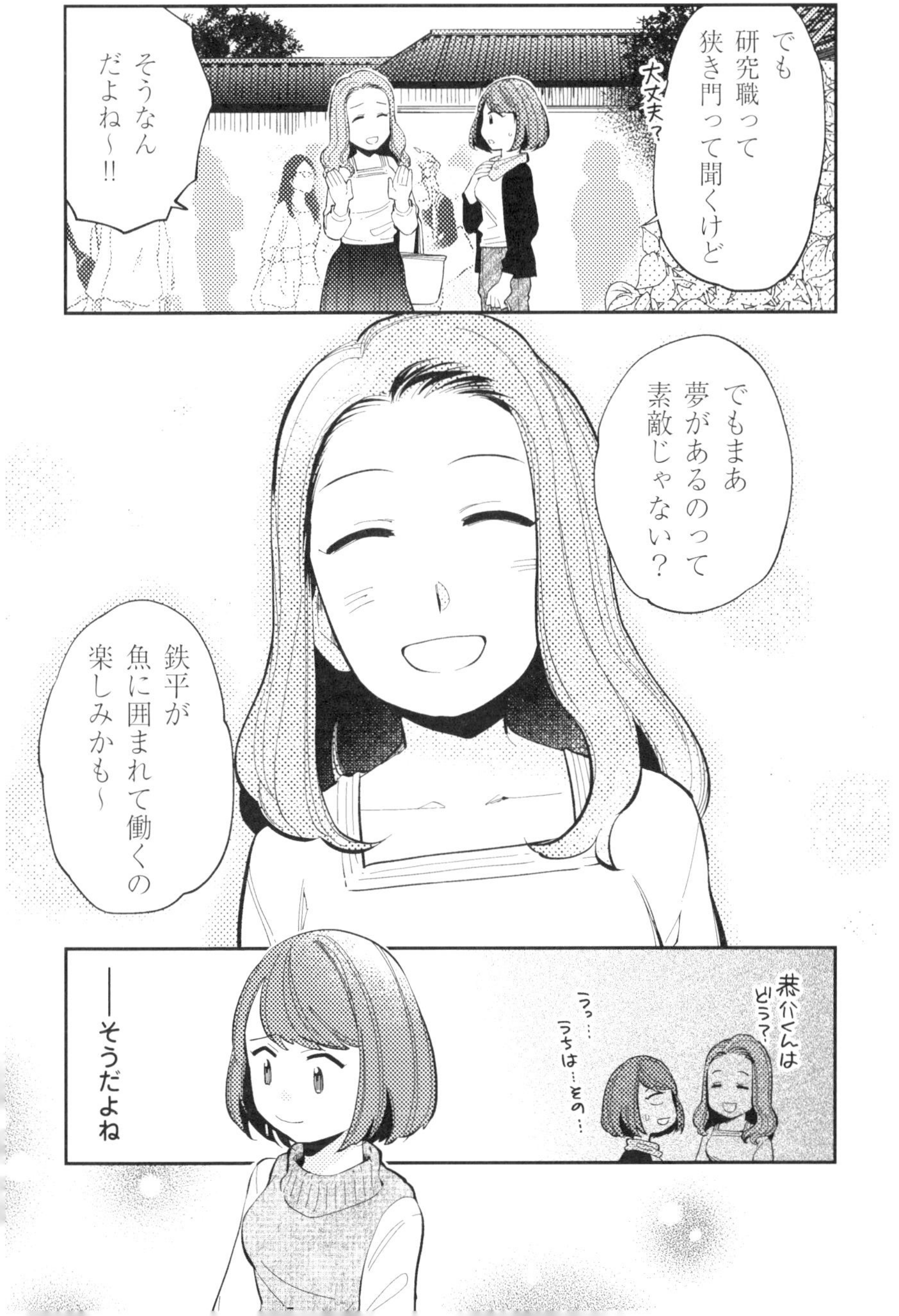
でも研究職って狭き門って聞くけど
大丈夫？
そうなんだよね〜!!
でもまあ夢があるのって素敵じゃない？
鉄平が魚に囲まれて働くの楽しみかも〜
恭介くんはどう？
うっ…うちは…その…
――そうだよね

どんな夢でも
恭介がそれを本当に望んでいるなら――…
ただいまー
ママおかえり！
恭介宿題してたの？
宿題は終わった！
今は復習してたの

明日 算数のテストがあるんだって
今度はいい点取りたいし…
じゃあもしテストでわからないところがあったらどうする？
えっ
うーん…
時間いっぱい考える！
ぎゅっ
えらいっ
さすが恭介だ～!!

ジュー
ふふ
恭介のために記憶力がよくなるメニューでも…
レシチンたっぷりおからハンバーグよ♪
それではご紹介します
脳科学者の――…
えっ

たましい!?
ほ…本当にすごい人だったんだ…
勉強が好きになっても
勉強しかできない子どもでは困ります
本当に勉強のモチベーションを保つのは…

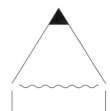

子どもの将来はゴールの設定で決まる⁉

たまじいの教えによってわが子が自分から勉強するようになり、勉強の自信もついてきた様子に、スキップしたくなるほど喜んでいるみちるさん。家で教科書を開くこともなかった頃に比べると、恭介くんの勉強に対する興味は格段に進歩しています。

ところが、友達の鉄平くんの夢が「魚の研究者」だと聞いて、みちるさんのなかにまたまた不安が芽生えます。相変わらず「ユーチューバーになる！」と騒いでいるわが子が幼く思えたのでしょう。たまじいを相手につい、「本当はいい大学に行って、安定した職業に就いてほしい」と本音がこぼれました。

しかしたまじいは、ユーチューバーが問題なのではなく、ゴールの設定の問題だと言います。

ゴールの設定とは、いわゆる「目標を立てる」ということ。子どもの将来はゴールの設定の仕方によっていかようにもなります。もちろん闇雲《やみくも》に設定すればいいというわけではなく、子どもをやる気にさせるゴール設定にはいくつかのコツがあります。

「うまいゴール」と「まずいゴール」

ゴールには「うまいゴール」と「まずいゴール」があります。

みちるさんの「（SNSで）人気者になる」というゴールは「まずいゴール」の典型です。たまじいが言うように、何がどうなったら「人気者」と言えるのか、達成したかどうかを判断しにくいからです。判断基準がないと評価のしようがありません。評価されないとハマり回路が回らないのです。

そこで「（SNSを）毎日更新する」をゴールにしてみると、達成したかどうかが一目瞭然《もくりょうぜん》で評価もできるようになりました。簡単に評価できると、それを達成した場合にドーパミン神経系が働いて学習行動が強化され、自然とハマり回路が回ります。

これが「うまいゴール」です。

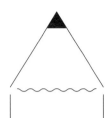

勉強のゴールも同じことです。

「勉強ができるようになりたい」「成績を上げる」などはまずいゴールの代表例。何点だったら「成績が上がった」と言えるのか。何をもって「勉強ができるようになった」と言えるのか。判断基準があいまいなので、達成感もなければ評価のしようもありません。もちろんハマり回路も回りはじめません。親にしても、評価できない事柄は褒めポイントがわかりません。

では、「成績を上げる」というまずいゴールをうまいゴールに変えてみましょう。

恭介くんが設定した「ドリルを1日4ページやる」は、できた、できないが簡単に、しかも具体的に評価できるうまいゴールです。子どもは達成感を得て、みちるさん（親）は「目標クリアだね！」と褒めポイントがわかり、結果的に子どものハマり回路が回って学習が強化される。理想的な好循環です。

ゴールは「肯定形」に

「うまいゴール」のポイントは「具体的」で「評価可能」なこと。そして「肯定形」である方が望ましいと言えます。

言葉はとても大切です。「○○しなくちゃ」「○○すべきだ」「○○しなくてはならない」で行動を変えられる人はごくわずかに過ぎません。こうした発想はストレスを感じやすく、自分を追い詰めることにもなるからです。

「○○したい」は一見変わりそうに思えますが、実際はふんわりとした願望に過ぎないので、やはり行動は変わりません。

行動を変える決定打は、「○○」の中身が具体的で実行可能なことです。

恭介くんの場合、「テストが終わるまで動画を観ない」というゴールは、「観るべきではない」「観てはならない」というストレスを感じる表現であり、「観ないようにしたい」という願望でもあります。

これを、「テスト勉強中に動画を観そうになったら腹筋をする」に変えてみると、表現も行動も肯定的になり、やった・やらないを明確に評価できるようになります。動画を観たいイライラを封じ込めるより、動画を観たくなったら腹筋をして、「自分に勝った！」とクリアしていく方が自己肯定感も上がり、自分への自信につながります。

ですからゴールは肯定形の行動で表現した方がいいのです。

ポジティブ色のゴールを設定しよう

そしてゴールは、ぜひ「ポジティブ色」に染めておいてください。

たとえば、「今度の定期テストで学年50番以内に入る」というゴールを設定します。とても前向きなゴールですが、ネガティブな気持ちでゴールを設定すると次のようなことが起こります。

【ゴール設定　ネガティブ色パターン】

ゴール「今度の定期テストで学年50番以内に入る」

←

「前回、目標を達成できなかったときは惨めだったなぁ」

「親もガッカリしてたなぁ」

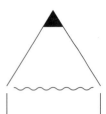

「また今度も無理だったらどうしよう」

この時点ですでに、目標にネガティブ色がついてしまいます。

するとゴールを意識するたびに……

「前回、達成できなかったときは惨めだったなぁ」
「親もガッカリしてたなぁ」
「また今度も無理だったらどうしよう」

ゴールを設定したときのネガティブ色の記憶も一緒に立ち上がってしまうのです。
これはイヤな過去を思い出すこととあまり変わらないので、勉強に対する気分がのってくるとは思えません。どんなに前向きなゴールでも、ネガティブ色に染まっていれば意欲がわかないのです。

考えただけで気分がのってくるようなポジティブ色のゴールにするには、いい感じでゴールを設定すること。目標を達成したときのことを思い描いて、未来をバラ色に染めておくのです。

【ゴール設定　ポジティブ色パターン】

ゴール「今度の定期テストで学年50番以内に入る」

←

「50番以内に入ったらメチャクチャ嬉しいだろうな☺」
「目標をクリアできたら達成感でいっぱいだろうな☺」
「親もすごく褒めてくれるだろうな☺」

この時点で、目標がポジティブ色に染まります。

するとゴールを意識するたびに……

「50番以内に入ったらメチャクチャ嬉しいだろうな☺」
「目標をクリアできたら達成感でいっぱいだろうな☺」
「親もすごく褒めてくれるだろうな☺」

目標をクリアした喜び、達成感、褒められる誇らしさ、嬉しさのイメージが一緒に立ち上がってきます。もちろん、勉強に対する意欲もわきます。

「未来の記憶」はバラ色に

脳科学では、一般的に「予定」や「計画」と言われているようなことを、「未来にかんする記憶」という意味で「展望の記憶」「予定の記憶」という表現をします。「明日映画に行こう」というのを、普通は「計画」、もしくは「予定」と呼びます。

この状態をもっと噛《か》み砕いてみます。「明日映画に行こう」と考えて記憶にとどめたとすれば、それはすでに「未来にかんする記憶」です。つまり、明日を考え、1年後を考え、10年後を考えるのは、未来の記憶をつくっている状態というわけです。

その意味では「自分の脳が、今、自分の未来をつくっている」と言えます。ポジティブなイメージで計画すると未来はバラ色に染まり、ネガティブなイメージで計画すると未来が重苦しい色に染まってしまう。潜在意識や能力開花の話でよく聞くテーマですが、記憶の作用によって思い描く未来が左右される可能性は確かにあります。

さらに目標を実現しやすくなる「奇跡の質問」

「具体的」で「評価可能」で「肯定形」なゴールを「ポジティブ色」に染めておく。これでお子さんのハマり回路はかなり回ります。その上で「奇跡の質問」を投げかけてあげると、さらに目標を実現しやすくなるでしょう。

私は脳研究のかたわら、大学の学生相談室長を長年しています。そのカウンセリング業務で頼りにしているのはブリーフセラピーの考え方や方法で、奇跡の質問とは、ブリーフセラピーの「ミラクル・クエスチョン」に似た手法です。

奇跡の質問では、「問題はすでに解決してしまった」と仮定して、その問題が解決したら具体的に何が起こるのか、どうなっていれば解決なのか、どうなりたいのかなど、解決後の状況を尋ねます。

こういう「仮定」でものを考えることは前頭葉にとって非常に刺激的です。

これを応用したのが、みちるさんから恭介くんへの問い掛けです。

「頑張る、って具体的にどういう感じ？」

これから頑張ろうとしている恭介くんに、何をどうしたら頑張ることになるのかをイメージさせて、恭介くんのハマり回路をよく回そうという作戦です。

具体的に、映像的に、ありありと思い浮かべるイメージは脳にとってのリアルです。「それがすでに叶ってしまったら、あなたはどうする？　何が変わる？」という奇跡の質問は、お子さんが勉強を頑張っている自分をより鮮明に描ける手助けになります。

「それを頑張ったら、何が変わりそう？」

「頑張る自分を想像すると、今とどう違う？」

こんな声掛けもいいでしょう。

こうやって根気よく問いつづけ、すでに目標を達成したイメージで手近なゴールを設定すると、ゴールが具体的になって、行動として表現されてきます。その表現が肯定形で、評価可能であれば、楽しかった過去の記憶がモチベーションになるように、お子さんの頭のなかでは勉強に対する目標が実現しやすい形になっています。

先ほどポジティブ色に染めたゴールの表現も、「あたかもすでに目標を達成したかのごとく」表現した方が、よりポジティブ色の目標になり、より実現しやすくなります。

「50番以内に入ってメチャクチャ嬉しいな〜☺」
「目標がクリアできて達成感いっぱいだな〜☺」
「親にすごく褒められた〜☺」

より具体的で実行可能な行動の形をリアルに思い描けたら、お子さんは勝手に変わっていくのです。

子どもがあがいているときこそ脳は活性化する

うまいゴールを設定して子どものハマり回路を回しても、そのゴールがユーチューバーでは……。みちるさんは恭介くんの将来にまだ不安を覚えているようです。

そんなみちるさんの親心を察しつつ、「だがな、子どもはいずれ親離れする」とつづけるたまじいの話は、生き物であれば当たり前のこと。元来、生き物は生殖が可能になると親離れします。親離れして、別の家庭をつくるのが本来の姿です。

そのためには、今ある家庭との決別が必要です。親のにおいが嫌いになったり、見るのもイヤになったり。これは個別の家庭での話というより、生物学的な事態です。

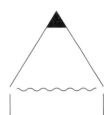

ですから親ができることは、子どもの将来をむやみに心配することではなく、子どもがつまずいたときに、褒めて応援することでしょう。

親はつい、よい成績や勉強のパフォーマンスの向上を子どもに求めてしまいがちです。もちろん、それが間違っているわけではありません。もっと重要なのは、できるようになることを目指し、努力を重ね、できるようになっていく過程です。

子どもの脳がもっとも活性化しているのは、できるようになったときではなく、むしろ、うまくできずにあがいているときです。途方に暮れ、困っているときこそ、脳の機能は活発に活動しているのです。

子どもの目標達成を応援し、勉強の結果が最高の形で表れることを望むなら、うまくできずにあがいている、そのときにこそ褒めてください。

「そんなに大変なのに勉強を放り出さないのはすごい！」

そうやって大いに感心して、励ましてください。

そうすると行動と快感を結びつける線条体が働き、子どものやる気が育ちます。

壁を超えていくのはお子さん自身です。

親は、お子さんの最大にして最良のサポーターであってください。

さらに、最良のサポーターであると同時に、よいお手本でもあってください。

それにな
脳が最も活性化するのは
うまくいってるとき
じゃない
つまずいて
あがいてるときだ
テストで56点だった・・・
ここはできたんだもの
すごいじゃない！
次はがんばろう！
そのときこそ
感心したり
褒めたり
励ましたり
することで
うん！
あがきと快が
線条体で結びつき、
やる気が育つんだ

親の笑顔が子どもをゴールに導く!

そして、お子さんにはやさしい言葉をかけて、笑顔で接してください。「ありがとう」「嬉しい」「かわいい」「やさしい」という言葉を使うと、褒められているときと同じように前頭前野が鎮静化します。こうした言葉1つでも、子どもの「待てる心」を育《はぐく》むことができます。

また、親の笑顔は子どもの扁桃体を育てます。

扁桃体は「好き」「嫌い」を判断する場所です。扁桃体が「好き」と判断して活動を強めると、記憶の中枢である海馬に「好き」情報が流れます。海馬で強化された「好き」という記憶がまた扁桃体を刺激して、ますます好きになっていきます。これが、苦手教科の克服法で示した「スキスキ回路」です。

扁桃体と笑顔の関係にかんする興味深い実験結果（※）があります。

サルの扁桃体に電極を入れ、さまざまな表情の人の写真を見せ、そのときの扁桃体の活動を調べたところ、サルの扁桃体は笑顔に強く反応しました。しかも、普通の人の笑顔よりも、飼育者の笑顔により強く反応したのです。

つまり、扁桃体を育てるのは笑顔、ことに身近な人の笑顔というわけです。

親がお手本になる。やさしい言葉をかける。笑顔を向ける。

どれも当たり前で陳腐《ちんぷ》なことだと思うかもしれませんが、子どもの自己実現を願うのであれば、当たり前で陳腐なことに心を砕く必要があるのです。

毎日最低1回は、お子さんに「ありがとう」を言ってください。

「今日も元気でありがとう」

「ごはんをモリモリ食べてくれてありがとう」

「約束を守ってくれてありがとう」

どんなことでもかまいません。心を込めて、笑顔で、お子さんの顔を見ながら「ありがとう」を言ってください。

※西条寿夫ら「表情認知における扁桃体の神経機構」『日本薬理学雑誌』125巻2号

最後は子どもを信じる

もっとも当たり前で陳腐なこと。それはやはり「子どもを信じる」ことです。

次の実験結果を読んでいただければ、今までよりも積極的に子どもを信じようと思えるかもしれません。

実験は「期待」と「学力」にかんするものです。

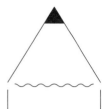

今から50年ほど前、サンフランシスコの小学校である予測テストが行われました。学級担任には事前に、そのテストが「今後成績が伸びる生徒を予測するテスト」であると知らされており、後日、担任にテストの結果が開示されました。
その数カ月後、伸びると予測された生徒の成績が確かに伸びました。
しかし実は、このテストは成績の伸びを予測するテストなどではなく、ただのテストでした。担任に示されたテスト結果も、ランダムに選んだただの生徒名簿です。それなのに、伸びると予測された生徒の成績が伸びたのです。

これは、教師が生徒に期待をもつことで、熱心に教えたり授業のやり方を工夫したりして、生徒の成績が向上する働きかけが無意識に増えた効果だと考えられています。その結果、伸びると予測された生徒の成績が向上したわけです。

期待による成績向上は「ローゼンタール効果」などと呼ばれ、逆に、教師が期待しないことで生徒の成績が下がる効果は「ゴーレム効果」と言います。


このロジックは家庭でも注目できます。

親が、「この子は伸びる」と思い込むと、それなりの配慮や働きかけを行い、結果として成績が伸びる。逆に「この子はダメ」と思い込むと、教育的な資材を与えず、結果として成績が伸びない。そういう道筋がありうるというわけです。

こうした効果にはさまざまな疑問が提出されてはいますが、それでも子どもを信じた方が、信じないよりはましでしょう。

子ども自身も同じです。

強く記憶したかったら、覚えたいことを「覚えたい」と思い込む。ワクワクするような気持ちで感動しながら思い込むことが大切だと書きました。何でも「これは効果的だ」と思い込んで取り組んだ方が効果は出やすくなるからです。

素直な子ほどよく伸びると言いますが、こうしたメカニズムが絡んでいるのかもしれません。あなたはお子さんが伸びることを信じ、お子さんが妄想野郎にならない程度に自分を信じ、目標達成に向けて進んでほしいと思います。

勉強アタマのつくり方チェック

第4章の最後に、お子さんの「脳のクセ」をチェックしてみましょう。脳のクセによってゴールの設定方法や勉強アタマのつくり方が変わります。お子さんを思い浮かべながら次のテストをしてみましょう。あなた自身に当てはまる項目もチェックしておくと、「親子あるある」が見えてくるかもしれません。お子さん自身がチェックしても面白いですよ。

【A】

□ヘアスタイルをよく変える
□コンビニやドラッグストアの新製品は必ずチェックする
□急に新しいことを始めたくなる

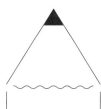

□進学するならやっぱり都会がいい
□ルールを守るのが苦手
□お金は使うためにある

【B】
□安心、安全が一番
□疲れやすい
□人見知りする方だ
□友達と直接話すよりＬＩＮＥなどメッセージのやり取りの方が気楽
□外出するより家にいる方が好きだ
□目立つことはあまり好きじゃない

【C】
□「親友」と呼べる友達が多い

□ドラマや映画を見てつい涙が出る
□甘いものが大好き
□人にプレゼントをしたり、他人を喜ばせたりするのが大好き
□褒められ好きで、褒められるとやる気が出る
□友達の誘いはなるべく断らない

【D】
□自分の部屋はいつも整理整頓《せいとん》されている
□朝ごはんは、毎日決まった時間に食べたい
□バッグのなかには「いざ」というときのアイテムがけっこう入っている
□DVDを借りたら必ず特典映像を見る
□空気が読めない人やノロノロしている人は我慢できない
□少しでも太ったら「ダイエット」の文字が頭に浮かぶ

脳のクセ別　ゴール設定の方法

Ａから Ｄのうち、もっともチェック項目が多かったものがお子さんやあなたの「脳のクセ」の主体です。同数の場合は両方のキャラが拮抗《きっこう》していると考えてください。
また、あなたとお子さんの脳のクセのズレが、さまざまな問題を引き起こすこともあります。

【Ａ】チャレンジ精神旺盛《おうせい》でも飽きっぽい「新奇探索タイプ」

「行動のアクセル」と呼ばれるドーパミン神経系の働きが過剰なために、刺激的なことや新しいことが大好きで、次々と興味が移り変わります。感性が豊かでチャレンジ精神も旺盛ですが、熱しやすく冷めやすい傾向もあります。

勉強にハマった場合も最初はやる気満々。ノートのとり方を工夫したり計画表をつくったりして意欲的に取り組むものの、基本的に飽きっぽいので長つづきしません。学校の勉強以外でも興味があれば何でも手を出して一時は熱心に学びますが、成果を見届ける前に関心が薄れていくこともしばしばです。

新奇探索タイプの子どもは、スタートダッシュが命。宿題でもテスト勉強でも、一気にやってしまう方が向いています。じっくりスケジュールを立て、勉強の準備に時間をかけすぎると、準備段階で飽きる可能性があります。

試験勉強の場合は、後の方で勉強する教科まで学習意欲がつづくような工夫が大事です。もしくは、1日1教科と決めておく方がいいでしょう。

長期休暇の場合、子どもの気まぐれな性格を見極めて、休みが終わる1週間ほど前には宿題が終わっているようなスケジュールを組ませる方が無難でしょう。

新しいもの好きなので、同じ問題集を繰り返しやるよりも新しい問題集をどんどんやっていく方が好きです。

また、子どもが新しいことを始めたら、どんな形でも「ゴール」を設定してみてください。達成感は脳の活性化に重要な要素であり、次へのモチベーションになります。その延長で長期的な目標も設定して、自分の将来の姿をイメージさせてみましょう。チャレンジ精神が単なる器用貧乏になっては残念です。

1つの形を目指すような行動をさせることで、お子さんの豊かな感性が生かされるはずです。

【B】心配性の「損害回避タイプ」

「行動のブレーキ」「脳の安定装置」と言われるセロトニン神経系の働きが強すぎたり、逆に弱すぎたりするために、安定を好んでリスクを嫌い、堅実な考え方をする心配性。日本人に多いタイプです。

よく知っている事柄や人物を好むので熟知している分野では実力を発揮しますが、新規開拓は苦手。自分を理解してくれない人や環境がストレスになります。

リスクを避けようとするあまり、「イヤイヤ思考」に陥り、気持ちが堂々めぐりをしてしまうことも少なくありません。

このタイプの子どもは基本的に、習慣的な勉強が苦になりません。

ただし、「毎日コツコツ」の積み重ねができる反面、一度スケジュールが狂ってしまうと「もういいや」と、一気にやる気がなくなってしまう可能性があります。

損害回避タイプのやる気をコントロールするには、勉強のスケジュールが大幅に狂わないための工夫が必要です。急に割り込む用事にもある程度対応できるよう、勉強のスケジュールに余裕をもたせておきましょう。

やる気が落ちてきたときには2、3日休養をとらせた方が、結果的には効率がアップします。その場合、「少し休んだら?」より「週末までゆっくりして、来週からまた頑張れば?」という言い方がベター。

もともと規則正しい子どもは、予定を見据えておいた方がスケジュールの変更をしやすくなります。

また習慣的なことを好むので、1冊の問題集をじっくり解く方が合っています。

【C】認められたい願望が強い「報酬依存タイプ」

いつも仲間とワイワイやるのが大好きな心優しい甘えん坊。何でも人に相談したいので、聞き役になってくれる人を求めます。

「報酬依存」の報酬とは「周りから認められているという実感」です。この実感がないと不安になり、拒絶されると一気に崩れていきます。逆に、自分を認めてくれる人の前では存分に実力を発揮します。

このような脳のクセをもつのは、脳の覚醒《かくせい》水準を決めるノルアドレナリン系の神経の活動が変化しやすいからです。そのため、気分の浮き沈みが激しくなったりします。また、ノルアドレナリンが急に増えると強い緊張や怒りにつながるので、何かのきっかけで突然キレることもあります。

認められたい願望は、勉強面でも同じです。

「頑張ったね!」「すごいね!」「よくやったね!」、報酬依存タイプの子どもはこんな褒め言葉を期待しています。しかし学校では、学力が同程度のクラスメートから褒められることはなかなかありません。

そこで親の出番です。自宅学習だけでなく、その日の学校の勉強についても「今日もよく頑張ったね」と褒めてください。褒め方の基本は、まずはジャブの連打、それからヒット&アウェイです。

また、お子さんを塾に通わせる場合、そこでの人間関係にヒビが入って「拒絶された」と感じてしまうと、立ち直れなくなる危険性があります。塾から帰宅した子どもの様子をよく観察しておいてください。様子がおかしいなと思ったら、子どもと話し合って塾を変えてみるのも1つの策です。

【D】負けず嫌いの完璧《かんぺき》主義「固執傾向タイプ」

何かにつけ完全、完璧を目指すタイプです。何かを始めると猪突猛進して、完璧にやり遂げないと気がすみません。また、物事に白黒をつけたがり、「〜しなければならない」という考え方にとらわれやすい傾向もあります。

すべてに自信満々でいる人なら問題なく自分の世界を突き進めますが、理想の自分と現実の自分とのギャップに我慢できないので、自己評価の低さが目立ちます。

このタイプの子どもは1つ1つ確実に勉強していくことを好みます。

一度に複数のことをするとストレスになるので、勉強を始める前に優先順位をつけさせるといいでしょう。

また、確実にこなしている実感をもたせることも大切です。

ノートに「今日できた勉強」を書きつけ、その評価で○をつける習慣をもつと、勉強の成果を肯定的にとらえるようになっていきます。

エピローグ

将来の夢って
なあに?
ユーチューバーー!
やっぱり
じゃあ
どんな
ユーチューバーに
なりたい?
えっ
えーと

勉強が楽しい…
っていうのを伝えるユーチューバー
…宿題とか復習とかすごくイヤだったけど
ちゃんとやると授業を聞くのが楽しいんだ
わからなかったことがわかるのが面白いっていうか…

そういうのを伝えられたらなーって
ムリかな?
本当に勉強へのモチベーションを保つのは
世のため人のためという目的意識です
それを喜びとする方がドーパミン神経系も働きやすく
またそれがなければ生きていることに喜びを感じられません

恭介なら
なれるわ
ママいっぱい
再生しちゃう
SNSで
シェアもね！
わーい!!
シナリオも
考えてるんだ
あのね
こういう
感じで…
いつの間にか
こんなに
頼もしく
なってたなんて

明日
たまじいに
お礼を言いに
行こう
そして
恭介のこと
自慢するんだ
たまじい

勉強しかできない大人も困ります

いつになく真面目《まじめ》な様子でテレビ番組に登場したたまじいは、「勉強しかできない子どもでは困ります」と言いました。

子どもが勉強以外には一切目もくれず、やたらのめり込んでいけばパフォーマンスは上がるでしょう。テストではよい点をとって成績も上がるでしょう。

親はそんな状態が理想だと思うかもしれません。たぶん社会でも、成功を求める人たちは同じように考えるのではないかと思います。

親は子どもに勉強してほしいからノウハウを知りたがります。この本を手に取ってくださったのも、「子どもがもう少し勉強するようになってくれれば……」という気持ちからだと思います。そんな親心をもちろん否定はしませんが、親には子どもの人生をもっと長い目で見守る役目があります。

暗記のテクニックを覚えて暗記力がアップしても、入試問題は暗記で何とかなるようにはできていません。

仮にうまいこと志望校に入ったとしても、「生きる力」が養われていなければ、仕事もクリエイティブにできないし、生きていることに喜びを感じられません。

東大合格を目指すごときの目的意識でできることなど、たかが知れています。

本当に勉強のモチベーションを保つのは、「世のため人のため」という目的意識だと私は考えます。どんな勉強も、すべて世のため人のためにつながっていくという気持ちで取り組み、それを喜びとする。その方がドーパミン神経系は働きやすくなりますし、生きていることに喜びを感じられるでしょう。

少なくとも、「勉強〝しか〟できない」大人に成長してしまったら、子どもにとっては不幸なことです。

ですから親御さんにも、何のために勉強をするのか、誰のために学習をするのかを考えてほしいと思います。子どもから「どうして勉強しなくちゃいけないの？」と聞かれたとき、あなたの言葉で勉強の目的を話してあげてください。

勉強にハマるには「生きる力」が不可欠！

勉強しかできない子どもでは困るだろうというのは想像がつくと思いますが、では「生きる力」とは何でしょう。

この問題を考えるために、橘教授らがつくった「生きる力」調査用紙の短縮版を抜粋してご紹介しておきます。

あまりこういう言い方は好きではないのですが、結局、ここに表現されているような自主性、社会性を獲得していかなければ、自発的に学ぶ力も育ちません。また、太字の項目は学力にも関係します。「自分で問題点や課題を見つけることができる」などは、勉強にハマる頭をつくる上では欠かせないことです。

自分のお子さんはどうか、考えながら読んでみてください。

○いやなことは、いやとはっきり言える
○人のために何かをしてあげるのが好きだ
○先を見通して、自分で計画が立てられる
○花や風景などの美しいものに、感動できる
○人の話をきちんと聞くことができる
○自分のことが大好きである
○自分からすすんで何でもやる
○いやがらずに、よく働く
○早寝早起きである
○自分かってなわがままを言わない
○小さな失敗をおそれない
○人の心の痛みがわかる
○自分で問題点や課題を見つけることができる

○失敗しても、立ち直るのがはやい
○だれとでも仲よくできる
○その場にふさわしい行動ができる
○前むきに、物事を考えられる
○自分に割り当てられた仕事は、しっかりとやる
○からだを動かしても、疲れにくい
○お金やモノのむだ使いをしない

※筑波大学の橘教授たちが学校教育関係者や野外教育関係者を対象に調査して得た「生きる力を構成する指標」より

こんなデキた子どもがいたらお目にかかりたい？
確かにそうかもしれません。

しかし、わが子にはこんなふうに育ってほしいと願うのは当たり前だと思います。前向きに物事を考えられず、自分に割り当てられた仕事をいい加減にして、体を動かすとすぐに疲れ、お金やモノのむだ使いをする。そういう子どもに育ってほしいと思うかと問われて「ＹＥＳ」と答える親はそうはいないと思います。いくら子どもが勉強するようになってくれても、そのベースに先ほどのような項目がなければ相当むなしい話です。

「勉強がよくできる子」とは

本書のはじめに出した宿題を覚えていますか。
「勉強がよくできる子」とは、どんな子どもをイメージしますかという質問です。

テストの点数がいい子ども
常に成績がいい子ども
集中力や記憶力がバツグンの子ども

一般的にはこんなイメージでしょう。どれも間違っているとは思いませんが、十分な答えでもありません。ここまで読んでくださったみなさんなら、もうおわかりだと思います。

勉強がよくできる子とは、成績が上がらなくても結果を待てる子です。

では、なぜ成績が上がらなくても結果を待てるのでしょう。それは、「自分でごほうびを用意できる力」を身につけていることで、やる気が持続するからです。「頑張ったけれどできなかった……」。そこでやる気を失うのではなく、「次は大丈夫！　次はできるぞ！」と自分を励まして、またチャレンジする。「次」という快を期待できるから結果を待てるのです。これこそまさに「ハマり回路」をフル活動させて勉強にハマっている状態です。

そういう子どもは、自分で自分の学習計画を立てる「自主学習」のクセがついています。

目標を立てて意欲的に勉強に取り組む。間違いや失敗をしても、そこを通じて解決方法を見つけながら次のステップに向上していく。自主学習によってこうしたサイクルが身につくと、脳の活性化をうながして結果的に学力向上が期待できます。

「待てる心」を育てていくには子ども自身の努力はもちろん、親の役割もあります。

勉強のための「いつもの場所」を決めさせ、そこを居心地よく整える。

朝食をしっかり食べさせ、食事のバランスに気をつける。

適度な運動をうながす。

睡眠リズムを整えさせる。


また、子どもの情緒を安定させることも親が考えるべき大事な環境整備です。

こうした環境づくりはすべてセロトニン系の役割を引き出すきっかけになり、子どもの「待てる心」の成熟をサポートしていきます。

かつては恭介くんをガミガミ怒ってばかりいたみちるさんの言動も、恭介くんの「待てる心」を養うものに変わり、たまじいのおかげで、恭介くんの勉強や将来の不安も解消されつつあります。以前は気に入らなかったユーチューバーという夢に対しても、わが子なりにビジョンをもっている姿に頼もしさを感じ、「恭介ならなれるわ」と笑顔を向けて応援するまでになりました。

わが子を信じて、わが子を褒め、わが子の夢を笑顔で応援する。

親が子どもの「待てる心」を上手に育んであげることができれば、子どもが勉強好きになるきっかけはいくらでもあります。

そして何より、親が楽しそうに勉強したり、楽しそうに毎日を過ごしたりする姿を子どもに見せてあげてください。親がニコニコ話しかけると、子どもの前頭葉が活性化して、子どもの脳もニコニコします。それを地道に繰り返していくうちに、子どもの脳もニコニコを学習していきます。

脳は、環境次第で変化します。ミラーニューロンによって脳は同調します。だからこそ、子どもにとって一番身近な存在である親がよいお手本となり、いつでもゴキゲンでニコニコして生きることが、結局は子どもの人生も輝かせることになるのです。

たまじい

おわりに

マインドセットが子どもの賢さを決める

本書の元になった『子供が勉強にハマる脳の作り方』を書いたのは2010年です。その翌年、東北地方に甚大な被害をもたらした東日本大震災が起こりました。

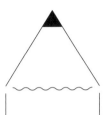

私の手元に当時の新聞の切り抜きがあります。被災された60代のご夫婦が、津波で崩壊した建物の瓦礫《がれき》をバックに笑顔でインタビューを受けている記事でした。

魚の仲買人をやっているから、ここに漁師が戻ってこないと生活ができない。でも、戻らなかったら自分たちで魚を獲ればいい。大事なのはやる気。自然もすごいけど、人間だってすごい。昔から何度も立ち上がってきた。必ずここを元に戻してやるから。

久しぶりにこの切り抜きを読んで感じるのはマインドセットの重要性です。

マインドセットとは、経験や教育や先入観などからつくられる思考パターンのこと。無意識の思い込みとも言えます。大別すると相対する2種類の考え方があります。

1つは、人間の能力は経験や学習などでいくらでも伸びると考える「グロース・マインドセット（growth- mindset）」。もう1つは、能力はもともと決まっているから変わらないと考える「フィックスト・マインドセット（fixed- mindset）」です。

「やればできる」と考えるか、「努力してもムダだ」と考えるか。その違いだと思ってください。

誰でも両方のマインドセットをもっています。差があるとしたら、どちらが優位かということで、物事の判断や決断のとき、優位性の高い方のマインドセットが生き方に影響を及ぼしているのは確かでしょう。
被災から間もない時期に、町の景色も人の様子も一変してしまったなかで、「必ずここを元に戻してやるから」と笑顔でお話しされたご夫婦は、日頃からグロース・マインドセットをもって「やればできる。何とかなる」の精神で生きてこられたのだろうと想像します。

子どもも両方のマインドセットをもっています。子どもを褒める実験では、どちらのマインドセットかによって賢さに差が出るという結果も出ています。
為せば成るのグロース・マインドセットをもっている子どもは、自発的に学習していくので能力が伸びます。片や、努力はムダのフィックスト・マインドセットの子どもは、自分よりできない子どもを見て自尊心を守ったり、失敗しないようにチャレンジもしなかったりします。だから余計に差が広がってしまうのです。

子どもが勉強にハマり、最適なパフォーマンスを発揮するには、「僕は伸びる」「私はできる」というグロース・マインドセットをもって望んだ方が有効なのは間違いありません。

子どもの将来を考えたときも、「やればできる」「自分はいくらでも成長できる」という考え方で生きていくことがいかに重要かは、先ほどのご夫婦を例にあげるまでもないでしょう。

手間を惜しまない

切り抜きを読んでもう1つ再認識したのは、心を込めることの大切さです。

「漁師が戻ってこなかったら自分たちで魚を獲ればいい」。これは、手間がかかってもいいから成し遂げようとする心意気の表れでしょう。

たとえば、「格闘技最強」をゴールに据えても、いきなり「格闘技最強」を目指すことはできません。まずは空手やボクシングなど、何か具体的な格闘技で基礎を学んだり経験を積んだりして、徐々に実力をつけた結果の「最強」です。その過程には面倒なことが山盛りかもしれないけれど、そこを踏まなければ目的地にたどり着けない、というのが私の基本的な戦略です。

人生にはゲームのような攻略本はありません。ですから実践の場での手間を惜しんではならないのです。

これはお子さんに向けた話というより、親御さんによく覚えておいてほしいことです。

お子さんに勉強を好きになってほしいと望むなら、親が手間を惜しまないでください。

勉強に集中できる環境をつくったり、笑顔でやさしく話しかけたり、生活のリズムを整えたり、親が勉強を好きになったりと、子どもに対するよいお手本となる自己成長の手間を惜しまないでほしいと思います。

テクノロジーはこれからも人間を手間ひまから解放していくでしょう。それはよい面も悪い面も両方あると思いますが、脳科学の観点でいえば、手間を惜しまない人の脳はエレガンスで、しなやかでもあります。

これからの時代を生きる子どもたちには、願わくばしなやかな脳を育てながら、それを世のため人のために役立ててほしいと思っています。そのフィードバックで、お子さんの脳はさらにしなやかさを増すでしょう。

そして親御さんは、子どもたちがバラ色の未来の記憶をつくっていけるように、これからもお子さんを信じて、見守ってください。

[著者プロフィール]

篠原菊紀（Kikunori Shinohara）

公立諏訪東京理科大学　情報応用工学科教授（応用健康科学、脳科学）、地域連携研究開発機構　医療介護・健康工学部門長、学生相談室長。

東京大学教育学部卒業。同大学院教育学研究科博士課程等を経て、現職。

多チャンネル近赤外線分光法（NIRS）を使って、「学習している時」「遊んでいる時」「運動している時」など日常的な脳活動を調べている。

フジテレビ「とくダネ！脳活 Johnny」「今夜はナゾトレ」、BS フジ「クイズ！脳ベル SHOW」、NHK「チコちゃんに叱られる」「子ども科学電話相談」「あさイチ」、日テレ「頭脳王」、SBC「モーニングワイド・ラジオ J」などで解説や監修を担当。

アミューズメント産業、教育産業、介護予防事業などとの共同研究多数。

ベストセラー『勉強にハマる脳の作り方』『一生クビにならない脳』『ニューロマーケティング入門』『子どもが勉強好きになる子育て』（すべてフォレスト出版）、『高齢ドライバー脳活ドリル』（二見書房）、『もっと！イキイキ脳トレドリル』（ＮＨＫ出版）、『クイズ！脳ベルSHOW 50日間脳活ドリル』（扶桑社ムック）、『「すぐにやる脳」に変わる37の習慣』（KADOKAWA）、「超難問ナンプレプレミアム」シリーズ（永岡書店）など著書、監修多数。

オフィシャルホームページ「はげひげ」の脳的メモ
http://higeoyaji.at.webry.info/

マンガでよくわかる
子どもが勉強好きになる子育て

2019年4月10日　初版発行

著　者　篠原菊紀
発行者　太田　宏
発行所　フォレスト出版株式会社
〒162-0824　東京都新宿区揚場町2-18　白宝ビル5F
電話　03-5229-5750（営業）
03-5229-5757（編集）
URL　http://www.forestpub.co.jp
印刷・製本　中央精版印刷株式会社

©Kikunori Shinohara 2019
ISBN978-4-86680-028-8　Printed in Japan
乱丁・落丁本はお取り替えいたします。

フォレスト出版の子育ての本

『子どもが伸びる がんばらない子育て』
山本ユキコ 著
定価 本体 1300 円 + 税

『マンガでよくわかる 子どもが変わる 怒らない子育て』
嶋津良智 著
定価 本体 1300 円 + 税

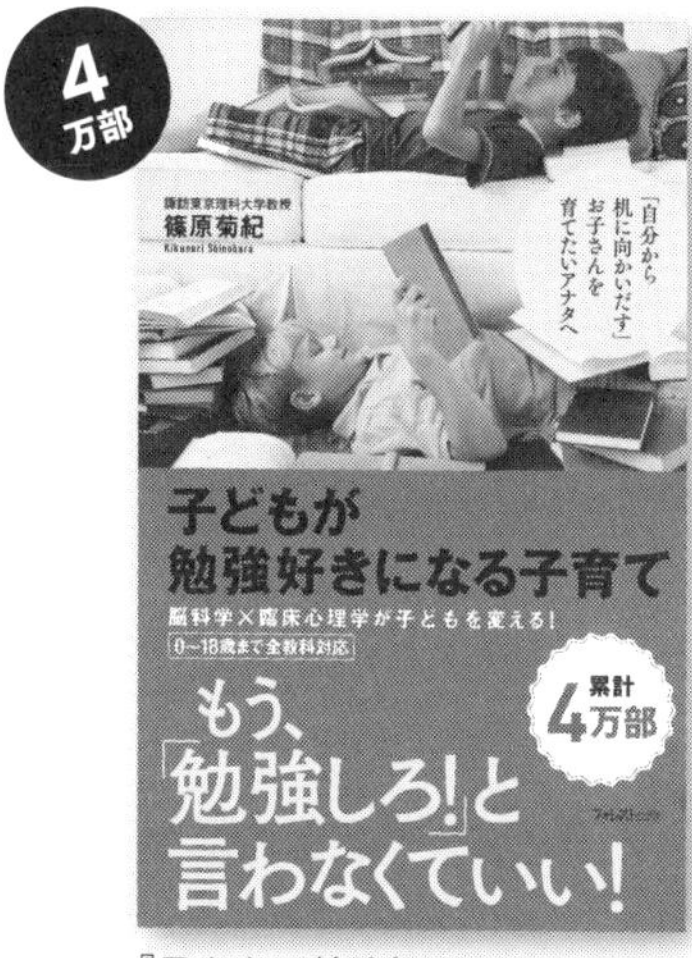

『子どもが勉強好きになる子育て』
篠原菊紀 著
定価 本体 900 円 + 税

『子どもが変わる 怒らない子育て』
嶋津良智 著
定価 本体 900 円 + 税

フォレスト出版の子育ての本

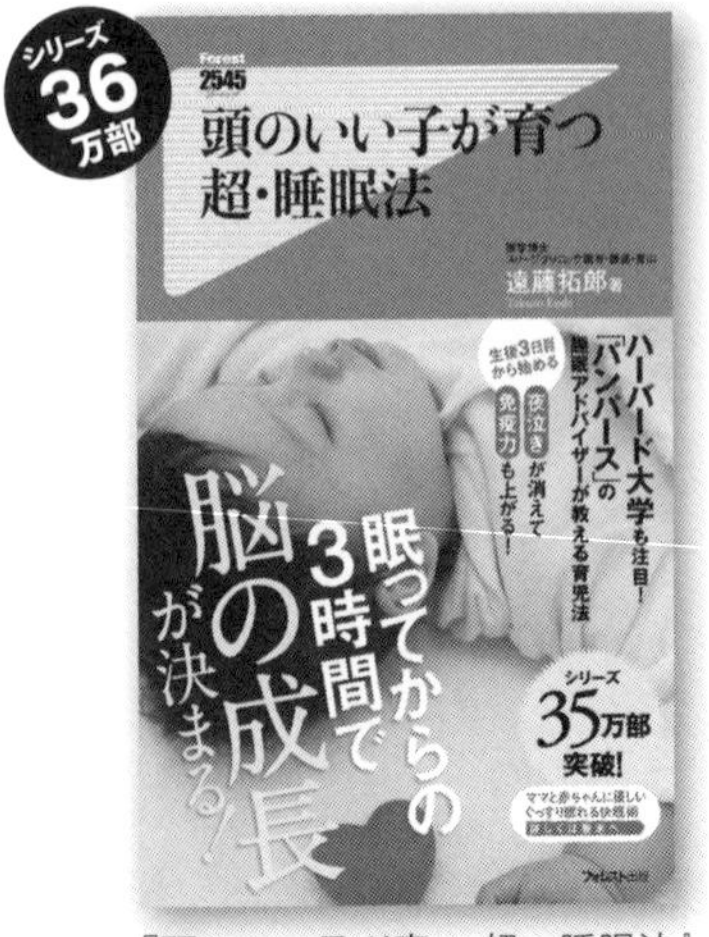

『頭のいい子が育つ 超・睡眠法』
遠藤拓郎 著
定価 本体 900 円 + 税

『世界に通用する子供の育て方』
中嶋嶺雄 著
定価 本体 900 円 + 税

『わが子が「お友達関係」で
悩まない本』
風路京輝 著
定価 本体 900 円 + 税

『子どもが変わる 運動能力を
伸ばす育て方』
伊藤一哉 著
定価 本体 900 円 + 税

フォレスト出版　好評既刊

仕事 恋愛 人間関係 恋人
上司 部下
ストレスの99%は「イライラ」!

「怒らない技術」で
自分もまわりも変わってく!

『マンガでよくわかる 怒らない技術』
嶋津良智 著
定価 本体1300円 +税

心配はやめられる!
不安をリセットするための
読者無料プレゼントつき

あなたの「どうしよう」が
スーッと消える
16のテクニック

『不安をなくす技術』
嶋津良智 著
定価 本体900円 +税

今すぐ手に入る！

『マンガでよくわかる 子どもが勉強好きになる子育て』

読者無料プレゼント

動画ファイル たまじいが子育てのお悩みを解決します！

本書のなかで、謎の脳科学者たまじいとして登場した、著者の篠原菊紀氏が、リアルな子育てのお悩みに答えました！
最新の脳科学の見地にもとづく、目からうろこのお話をお見逃しなく！

【質問1】子どもの勉強に付き合う時間がとれない場合はどうしたらいいですか？
【質問2】脳によい遊びを教えてください
【質問3】受け身な子どもを自発的に変えたいのですが
【質問4】成績が落ちて、ほかのことへの意欲も落ちてしまっています
【質問5】子どもが夜遅くまで勉強するのですが大丈夫でしょうか？
【質問6】子どもが不登校になってしまいました

※2019年2月に収録したものです。日々研究は進んでおり、お話ししている内容は収録時の見解になります
※無料プレゼントは、ホームページ上で公開するものであり、CD・DVD、冊子などをお送りするものではありません
※上記無料プレゼントのご提供は予告なく終了となる場合がございます。あらかじめご了承ください

この無料プレゼントを入手するにはコチラへアクセスしてください

http://frstp.jp/tamaji

フォレスト出版

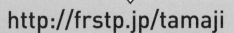